JN409339

백일홍은 아직도 붉게

백일홍은 아직도 붉게

김양자 수필집

수필과비평사

| 책을 내면서

심저에 작은 풀꽃 한 묶음을 심었습니다. 그것은 내가 나를 믿어보려는 몸짓입니다. 마중물이 내려와 물길을 열어 주었고 마음속의 갈증을 조금씩 풀어 주었습니다. 봄비가 내리고 햇볕이 달려오고 바람이 밀어주어 풀꽃은 싹을 틔웠습니다. 욕심이겠지만, 싱싱하게 잘 자라길 바라는 마음입니다. 특별한 것도 없는 그냥 소소한 일상을 '진솔'이란 그릇에 담으려 애썼습니다.

끄떡도 하지 않는 바위를 들어 올리려고 헛심을 쓰고 있는 건 아닌지 몇 번이나 자문을 했습니다. 남다른 능력이 있는 것도 아니어서 꾸준히 책을 읽고, 틈나면 꽃, 나무, 계절의 변화 등 자연을 눈여겨보는 것이 나의 글공부입니다.

부족한 글이나마 읽어봐 주시는 분이 있고, 한 편의 '글'에서라도 공감을 얻을 수 있다면, 더 바랄 게 없겠습니다. 둘러보면 내 주위엔 고마운 분들과 감사한 일들이 헤아릴 수 없이 많습니다. 도움을 주신 분들께 손 모아 감사드리며, 변함없는 격려를 보내 준 가족들에게 고마움을 전합니다.

풀벌레 소리 들으며

2016년 가을밤에

김양자

차례

1

고향 냄새 • 13
데미안모과 • 20
조춘早春 • 27
백일홍은 아직도 붉게 • 33
어느 봄날에 • 38
큰언니와 호박 • 45
삐뚤, 날개가 돈다 • 50
까만 국수 • 56

2

도개교跳開橋 위에서 • 65

푸조나무 입춘방立春榜 • 71

민들레 필 때 • 77

울보들의 합창 • 83

20원짜리 공책 • 88

달, 우리 동네 비추지 • 92

은팔찌 • 98

별명 • 104

3

연蓮, 춘희의 개인전 • 111

태胎 • 115

오만한 까치 • 120

밤눈은 내리고 • 125

별빛 부서지고 • 130

유곡柳谷 • 137

아픈 역사 • 143

4

비문증飛蚊症 • 151

짝사랑 예찬 • 157

어떤 홍매화 • 162

꽃다지 • 167

북비고택에서 • 172

연가戀歌 하나 • 176

연가戀歌 둘 • 181

■ 작품해설 ‖ 박양근(문학평론가, 부경대 교수)

꽃의 미학으로 풀어내는 삶과 문학 • 186

1

부산 이기대

고향 냄새 · 데미인모과 · 조춘早春 · 백일홍은 아직도 붉게
어느 봄날에 · 큰언니와 호박 · 삐뚤, 날개가 돋다 · 까만 국수

고향 냄새

이기대의 여름은 곳곳이 잔치다. 하늘, 바다, 산…, 현란한 볼거리 들을거리를 펼쳐놓는다. 참나리와 물봉선화가 피고 빼꾸기가 울면 이기대의 여름이 시작된다. 칡꽃, 물봉선화가 지고 빼꾸기 소리가 숨어들면 여름은 떠나고 가을을 느낀다. 요즘은 온난화로 봄인가 하면 어느새 여름꽃이 피어나고 여름에도 봄꽃 가을꽃이 끼어든다. 계절을 딱히 줄로 그을 수 없으니…. 여름꽃이 지면 쑥부쟁이, 구절초, 해국 등 가을꽃이 따라오며 피겠지. 그러나 뭐라고 해도 풍성한 꽃 잔치는 여름이 제

철이다.

산. 김용옥 님의 글에서 '백화주' 만드는 이야기를 읽고, 봄부터 갈맷길을 걸으면서 꽃 이름을 불러보았다. 꽃을 많이 보기 위해서 약수터가 있는 숲길과 산길도 걸었다.

— 양지꽃 괭이밥 제비꽃 초롱꽃 꽃창포 물봉선화 부처꽃 원추리 벌노랭이….

— 찔레꽃 산딸기 해당화 진달래 인동초 칡꽃 닭의난초 장미 엉겅퀴 유채꽃….

— 괴불주머니 승마 참골무 잔대 개망초 분꽃 박하 까치수염 용담 붓꽃 갯무….

— 아욱 접시꽃 맥문동 아까시 옥잠화 반디지치 마삭줄꽃 자운영 송엽국….

— 꿀풀 꽃향유 등꽃 개복숭꽃 벚꽃 살구꽃 현호색 달맞이꽃 수국 금잔화….

모두 다 부르려면 며칠은 걸릴 것 같다. 박하와 부처꽃은 빗물에 떠내려가서 바닷가 큰 바위 사이 자투리땅에 갈대랑 같이 살고 있는데, 용담 하늘타리 아기붓꽃은 장기 결석으로 대답이 없다. 어디로 자생지를 옮겼을까. 누군가가 파 갔을까? 그리고 너무 작아서 백화주에 들고 싶어도 못 들어오는 꽃들은 어쩌지. 여뀌 냉이 꽃다지 봄까치꽃 까치깨 벼룩자리 쇠별꽃…, 너네들 말이야. 음, 생각을 잠깐 접어두고, 백화주로 돌아가자. 백화주를 담가 알맞게 숙성되면 달빛 환한 날 고운 임들 모셔다 정情을 듬뿍 섞어 함께 맛봐야겠다.

두세 송이지만 꽃을 따도 될까 망설여진다. 몇 년 전 군부대 옆 숲에서 산딸기를 따려다 멈칫한 일이 있었다. 작은 부리로 열심히 산딸기를 파먹던 아기새 두 마리를 발견하고는 숨소리도 죽인 채 서 있었다. 식사를 끝낸 아기 새가 곁에 있는 괸 물에 머리와 날개를 담갔다 털며 세수를 한다. 얘들의 먹이를 내가 따려 했구나 싶어 재미 삼아 산열매를 따먹던 짓을 그만두었다. 공원에서 꽃을 따다 말리는 일도 그만둬야겠다. 좋은 생각 하나! 야생화를 많이 재배하고 있는 양산의 친구네 집에 가서 꽃을 따와야지, 그리고 말려서, 이기대의 꽃들을 떠올리며 '백화주'를 담가야겠다.

바다. 파도 소리 들으며 걷기는 울퉁불퉁한 해안가 길이 좋다. 아침 일찍부터 바다를 품고 있는 갯마을은 안개로 싸인다. 안개를 덮은 광안대교가 깜빡깜빡 졸고 있다. 한낮에도 바다 쪽 해안 길을 걷다 보면 간혹 바다 위에 해무가 일어나는 것을 볼 수 있다. 포슬포슬 피어오른 안개 덩이가 남풍에 밀리면서 대교를 훌쩍 넘고, 수영만 쪽 마천루들을 하얗게 덮어버린다. 백설만 세상을 정화하듯 덮는 게 아니었다. 순간 사위는 숨죽인 듯 고요해지고 파도만 바위를 안고 뒤척인다. 김승옥 님의 〈무진기행〉 속 명문장이 생생하다.

> 무진의 명산물은 안개이다. … 밤사이에 진주해온 적군들처럼 안개가 무진을 빙 둘러싸고 … 산들도 안개에 의하여 보이지 않는 먼 곳으로 유배당해버리고 없었다.…

햇살이 쏟아지면 그 부드러운 입자들은 구천에 흩어진다. 뭍의 더운 바람과 찬 바닷바람의 애무는, 요란스레 피어오르다 한순간 끝나버린다. 우리네 냄비 같은 사랑, 관심이 이렇다 할까. 그러나 자연은 그대로가 아름다운 것이다.

바다가 순할 때는 쪽빛 물결 위에 오륙도를 돌아오는 하얀 유람선이 뜨고, 가끔은 숨비소리를 듣는다. "휘익." 해녀 막사 근처 바다에 테왁을 띄워놓고 해녀는 물속을 드나든다. 여럿이던 동료들은 모두 떠나고 홀로 돌로 쌓은 막사를 지킨다고 했다. 젊은 날 친구들과 함께 물질하던 고향 바다 냄새가 무척 그립겠다.

그러다 무섭게 거칠어지는 게 바다의 속성이다. 먼 바다로부터 광풍과 노도가 달려온다. 꽤 오래전, 태풍이 부산으로 진격했을 때다. 비 묻은 바람이 거칠었던 태풍 불기 전날, 이웃에 살던 손주 녀석이 어제 바닷가에서 잡았다면서 통조림 깡통에 반이 넘게 담긴 게를 가져왔다.

"할머니 반찬 하세요."

"고마 살려주고 오지 그러냐."

말 떨어지기가 무섭게 달아나버린다.

아기게들은 거품을 뽀글뽀글 내며 생명줄이 다 된 듯했다. 한시바삐 바닷가로 보내줘야겠다. 가까운 동생말로 갔다. 10미터는 넘을 것 같은 파도가 울부짖으며 벼랑을 기어올라 흰 머리칼을 산발하여 부서진다. 밀려오고 또 부서지고…. 풀과 나무들이 드러눕고 하늘과 땅이 운다. 더는 앞으로 나아갈 수 없었다. '하루만 풀뿌리나 바위 밑에 숨어 있다가 조용해지면 바닷가로 나가거라.' 타이르며 바위 발치에 깡통의 게들을 조심스레 부었다.

그런데 이게 웬일! 아기 게들은 풀더미나 바위 밑에 엎드리려 하지 않고 파도가 광란하는 바다 쪽을 향해 일제히 게걸음, 옆으로 빨빨 기어간다. 수십 마리가 흩어져 몰려가니 말릴 틈도 잡을 방법도 없었다. '엄마가 저 바닷가에 있어요!' 하는 듯. 깡통 속에서 밤을 지새우며 고향 바다가 몹시도 그리웠나 보다. 그렇지만 저 성난 파도에 살 수 있을까? 미물들의 본능에 가슴이 찡했다. 짭짜래한 포말이 내 머리칼과 옷을 흠뻑 적신다.

하늘. 여름날 해거름에 이기대를 산책할 때가 있다. 매미들의 합창에 어깨를 들썩이며 오솔길을 걷는다. 약수터를 지나 유하정流霞亭, 노을이 흐르는 정자에 앉아 널따란 하늘 캔버스에 구름이 멋진 그림을 그리는 것을 본다. 감빛으로 홍시, 능소화를 그리다가 노란색 장막을 펼치더니 점점 짙은 회색으로 하늘 빛깔이 바뀐다. 이윽고 숲은 어둠이 깔리기 시작하고 산비둘기가 구구구 운다. 어둑살이 들기 시작하면 기다림이 또 하나 참나무 숲에서 꿈처럼 나타난다. 정자에서 바닷가로 급경사를 이루며 흐르는 작은 계곡과 오솔길이 있다. 바로 여기서 손톱만 한 작은 초록별들이 한둘 떠다니기 시작한다. 오! 개똥벌레, 반딧불이다. 오랜 옛 친구를 만난 듯 반갑다. 암컷이 수컷을 부르는 사랑의 메시지가 반짝인다. 모두들 어린아이가 된 듯 행복하다. 귀갓길엔 가로등이 반짝거려도 하늘의 별들은 톡톡 돋아난다.

이기대는 삼포지향三抱之鄕이다. 좋은 산, 좋은 바다, 좋은 물이 있는 좋은 고장이다. 근래 구름다리랑 목조테크로 조성된 산책로가 생기고, 오륙도에서부터 갈맷길이 열려 관광객들이 많아졌다. 그래 그런지 식물들의 자생지나 동물들의 서식지가 많이 훼손되고 있다. 봄이면 짝을 찾던 꿩 울음, 뻐꾸기 소리, 청설모의 재롱 보기가 쉽지 않아졌다. 아름다운 이 자연의 보배를 잘 보살펴 후대들에게 물려주어야지, 먼 훗날에도 어린이들이 이곳에서 개똥벌레의 차고 푸른빛을 볼 수 있도록.

내 어린 날, 떨어지는 별똥별을 보고 개똥벌레도 잡던 여름날이 그리워진다. 도시화로 고향을 잃었어도 마음속엔 언제나 그리운 고향이 들어있다. 여름날 이기대 숲길을 걸으며 고향 냄새를 맡는다.

데미안모과

교정은 생기로 가득하다. 겨우내 죽은 듯 서 있던 나무들이 꽃과 잎으로 치장을 한다. 벚나무와 조팝나무가 하얀 꽃구름을 피워 올리고, 새 부리 같은 잎부터 움 틔우는 단풍나무와 이팝나무들도 들썩인다.

지나는 길에 꼭 만나고 싶은 나무가 있다. 연분홍 꽃과 연두색 잎을 함께 피워 올리는 이 나무는 올봄에도 몸매에 어울리지 않게 꽃과 잎을 가지마다 액세서리처럼 매달았다. 언뜻 봐도 여느 나무와 사뭇 다르다. 나무 등걸이 뻥 뚫려 속이 다 들여다뵈고 건너편 건물이 구멍 속으로 들어온다. 모양새가 마치 험난한 삶을 살아낸다고 속이 까맣게 타버린 여인네 같다. 그래서 나는 '데미안모과'라 부르기로 했다. 소설 ≪데미안≫ 속 '알껍질' 이야기가 생각나서다. 속은 몽땅 달아나고 껍데기만 남은 채 서 있으니, 외모부터가 심상찮다.

'데미안모과'는 부경대학교 정문을 들어서면 왼편에 있는 잔디밭에 서 있다. 다람쥐의 집도 아니건만 나무 속이 온통 빈 구멍이다. 바람이 속을 채워 새까맣게 탔다. 어떻게 살아서 꽃잎을 틔우고 열매를 맺는지 모를 일이다. 못난 모양새로 이웃 나무 중에서 길가 맨 앞줄에 서 있으니 부끄럽기도 하겠다.

원래 모과나무의 몸통은 울퉁불퉁하고 보굿도 터실터실하여 부드럽지 못하다. 연분홍 꽃 빛깔은 고우나, 주먹보다 큰 노란 열매는 두툴두툴하다. 열매 모양에 어울리지 않게 향香은 감미로워 차를 만들기도 하고, 두세 알 소쿠리에 담아 향 장식용으로도 쓴다. 나도 늦봄엔 매실청을 담그고 가을엔 모과청을 재운다. 매실의 진한 향도 좋지만, 모과의 연한 향이 더 좋다. 추운 날 뜨거운 모과차 한 잔을 받쳐 들고 천천히 음미하노라면, 모과나무의 인고와 순박함이 전해져 더없이 행복해진다. 한데 '데미안모과'는 보통 모과나무와는 다르다.

구멍이 숭숭 난 이 나무는 죽은 등걸 같다가도 봄바람이 불면, 예쁜 꽃과 잎을 펼쳐낸다. 여름날 햇살을 당기고 물을 길어 올려 무성해진 나뭇잎 속에서, "찍 찍찍" 직박구리가 짝을 부르는 소리가 정겹기도 하다. 후두둑 소낙비 쏟아지는 어느 날, 모과나무를 보라. 피카소의 유화처럼 울긋불긋해지면서 빗물인지 눈물인지 온몸으로 울고 있다. 녹색 열매를 한 치의 여유 없이 가지에 붙이고, 혹시나 떨어질까 염려되어 우는지. 풀 길 없는 한이 있어 우는지 알 길이 없다.

> …산다는 것은 속으로 이렇게/ 조용히 울고 있는 것이란 것을/ 그는 몰랐다./ … (〈갈대〉, 신경림)

울고 있는 것은 시인의 '갈대'만이 아닌가 보다. 찬바람 부는 가을날, 잎은 지고 노랗게 영근 열매들이 푸른 하늘을 이고 풍경을 만든다. 그때가 오면 비로소 나무는 배시시 웃는다. 시커먼 구멍의 우락부락한 몸매는 노란 열매를 달면서 살아 있는 예술품이 된다. 입동이 지날 때까지 자연이 만든 격格 높은 조각

품이 서 있다.

눈 내리는 겨울이면, 생명 있는 나무들은 자기 곁에 눈이 쌓이는 걸 거부한다. 이 나무 역시 가지에 눈송이를 얹어도 지면엔 반경 1미터가 넘는 원 안에 눈송이가 앉는 걸 거부한다. 부지런히 땅속의 온기 있는 수분을 받아 올려 나무 주위를 따뜻하게 해준다. 혹시 얼어 죽지나 않았을까 겨울눈[冬芽]을 살펴보면, 손끝에 미미한 온기가 전해진다. 그가 살아있다.

어느 날 나무 앞에서 머뭇거리고 있는데, 지나가는 아저씨가 말을 걸었다.

"이 나무요, 벼락 맞아 버려진 걸 가져와 여기 심었다요."

"벼락을요? 속이 이래 비어 어째 살아요?"

뭐도 모르면서 여기 왜 자주 오나는 눈빛이다. 궁금한 표정으로 웃었더니, 아저씨가 설명을 곁들였다. 뿌리와 나무껍질[木皮] 안쪽의 체관과 물관만 온전하면 나무는 살 수 있다고 한다. 나무 속[木質]은 없어도 생명엔 지장이 없단다. 그러나 속 기둥이 없으니 센 바람이나 큰 충격에 넘어질까 조심스럽다. 나이테가 없으니 나이를 먹지 않겠구나 하는 생뚱한 생각들이 지나갔다. 그리고 벽조목霹棗木(벼락 맞은 대추나무)이 아니라 다행이라는 생각도 들었다. 만일 대추나무였다면 도장, 부신, 부적 등을 만든다고 사람들이 나무 조각 하나 남기지 않고 다 뜯어 갔을 테니 말이다. 예부터 벽조목을 몸에 지니면 요사妖邪스런 기운을 물리치고 행운을 부른다고 믿었으니. 이렇게 서 있는 것만으로도 행운이라 해야겠다.

다시 나무를 찬찬히 본다. 섬광閃光의 찰나, 속을 다 잃고도 꿋꿋이 살아가는 모습이, 장애를 딛고 사막을 달리는 마라토너 같아 보인다. 송 모 씨는 두 눈의 시력을 잃고 장애인이 되었으나 지금은 사막 마라토너, 에베레스트 등반가가 되었다. 손가락 셋으로 세계적인 피아니스트가 된 소녀의 경우라든지, 호킹 박사나 헬렌 켈러 같은 분들은 장애나 시련을 이겨내고 성공한 삶을 살아 내었다. 이들은 어떤 삶이든 소중하고 살 만한 가치가 있다고 일깨워준다.

정도의 차이는 있으나 사람들이 살아가는 내력은 비슷하다. 생각지도 않은 가풀막에 코를 박기도 하고, 내리막에 미끄러지기도 하면서 살아간다. 나도 건강 문제로 걱정이 많았다. 수년 전 갑자기 앞이 보이지 않아 외출을 할 수 없었다. 망막에 이상이 생겼는데, 마치 눈 속에 블랙홀이 생긴 것 같았다. 빛도 사물도 글자도 모두 그 속으로 빨려 들어갔다. 결코 낫지 않는 눈병을 얻었다. 점자가 생각나고, 자녀들에게나 주위에 폐를 끼칠까 봐 노심초사했다. 의학의 발달로 치료를 받은 후 불편이야 있지만, 그런대로 일상생활을 하니 이만하기 다행이라 여긴다. 예전과 달리 풀 한 포기 꽃 한 송이가 새롭고, 살아있는 모든 것이 더욱 경이로워 보인다.

아무런 고생 없이 여유롭게 산 경우보다 아픔과 시련을 극복해 나갔을 때, 의지가 더욱 단단해지고 성격 또한 원만해진다고 한다. 삶의 깊은 맛을 새기면서 사고가 성숙된다고 할까. 설령 성숙되어지진 못했더라도 이렇게 살아있다는 것은 가슴 떨리게 감사한 일이다.

젊은이 둘이 "와, 썩은 나무에 꽃이 피었네." 하며 나무에 붙어 서서 사진을 찍고 간다. 노을이 번진 '데미안모과'에 기대선다. 노을빛을 받아 빰이 불그레해지니, 나 또한 한 송이 모과 꽃이 된 듯(〈吾亦一花卉〉, 박원준) 폰 속에 사진을 담으면서 2015년의 봄을 붙든다.

조춘早春

봄은 겨우내 움츠리고 침묵하던 물상들을 일시에 일어서게 한다. 나는 그 미세하고 아름다운 움직임을 만나려고 초봄부터 설렌다.

이른 봄 어느 날 아침, 일찍 교외에 있는 친구의 매실 농장을 찾았다. 굴 껍질처럼 납작한 집들이 옹기종기 모여 엎드린 마을 어귀, 작은 다리 옆에 차를 세웠다. 바람은 아직 쌀쌀한데, 뒷산 활엽수들의 벗은 가지에는 연노랑빛 안개가 자욱하다. 숲은 겨울잠을 온전히 깨지 못한 듯한데, 양지바른 둔덕이나 낙화를 서 두르는 매실나무들 사이 너른 공터에는 갖가지 어린 풀들이 연둣빛 봄물을 채워놓았다. 겨울 가뭄이 좀 심했는가. 그런데도 해빙이 되니 포실한 흙들이 풀씨를 잘 키워놓았다. 가늘게 개울물 소리가 들리고, 둔덕에 까만 어미 염소 한 마리가 말뚝에 묶인 채, 젖먹이 새끼 두 마리를 데리고 풀을 뜯고 있다.

야들야들한 봄나물을 뜯을 생각을 하니 벌써부터 상큼한 향이 입안에 가득 고인다. 무릎이 성치 않은 친구들은 모두 엉덩이에 스티로폼 의자를 달고 뒤뚱뒤뚱 오리걸음질을 치다가 서로 쳐다보며 웃어댄다.

"메에~ 메에 메~."

부지런히 봄나물을 뜯고 있는데, 갑자기 어미 염소가 목을 치켜세워 키를 높이고, 마을 쪽을 향해 목청껏 소리를 질러댄다. 어미 곁에서 촐랑거리던 새끼들이 보이지 않는다. 아뿔싸! 새끼들이 높이가 3미터는 족히 될 만한 제방 아래 굴러떨어져 있다. 어미 소리를 들은 새끼들이 위쪽을 향해 새끼손가락 같은 앞발로 흙을 긁어보지만 어림도 없는 일이다. 지쳐서 물에 빠질까 걱정이다.

이삼 분이 지났을까, 근처 마을 쪽에서 양철 대문 소리가 났다. 통통한 처자가 신발을 꺾어 신고 뛰어온다. 금방 상황을 알아차리고는 냇가로 뛰어 내려가 새끼들을 안고 온다. 울음을 그친 어미가 다리 사이로 끼어드는 새끼들을 두어 번 핥아주더니, 아무 일도 없었다는 듯 풀을 뜯는다. 새끼들은 어미 젖가슴에 매달린다. 따뜻한 봄볕을 받으며 염소 가족들은 조찬을 시작하고, 목가적 시골 풍경으로 다시 돌아왔다. 저 의연하고 믿음직스러운 어미 염소를 보라. 어미 곁을 안고 도는 귀여운 아기 염소들을 보아라. 이 사랑스러운 이른 봄날의 정경에 나는 잠시 발을 떼지 못했다.

오래전에, 새에게서 비슷한 감동을 받은 적이 있었다. 연탄보일러를 쓰던 시절이었다. 아침저녁, 하루 두 번 집 둘레를 돌면서 두 군데 보일러실의 연탄을 갈았다. 꽃샘추위가 기승을 부려 사람이나 짐승이나 추위에 자유롭지 못할 때였다.

어스름 저녁에 연탄을 갈려고 안방 쪽 보일러실로 향하는데, 난데없는 새 한 마리가 날개로 내 이마를 치고는 날아가 장독대 담벼락에 앉았다. 새가 앉은 맞은편이 보일러실이다. 내가 그쪽으로 걸어가도 도망은커녕 날개를 벌리며 또 공격할 태세다. 간이 배 밖에 나왔는가, 이상한 나라의 새였다. 몇 번 그런 일이 반복된 후에야 그 까닭을 알아냈다. 문 한 짝이 떨어져 나간, 안방 보일러실의 순환 물통 위를 판자로 덮어두었는데, 그 위에 새가 집을 지어 알을 품고 있었다. 화덕에서 고작 1미터 정도 높이에. 어미가 알을 품고 있는 동안 애비는 밖에서 지키고 있다가 적이 가까이 오면, 덩치가 크든 작든 공격하는 것이다. 얼마나 집 지을 곳이 여의치 않았으면 여기에 지었을까. 성공적으로 새끼를 키워 나갈 수 있을지가 걱정스러웠다.

참새보다 조금 크고, 볼록한 배 부분에 주황색 털이 덮여 귀여워 보이는 딱새였다.

"새님 새님, 알 품은 에미를 해코지 않겠습니더."

연탄 갈러 갈 때마다 세숫대야를 뒤집어쓰고, 키를 낮추며 드나든 지 열흘쯤 되었을까. 어느 날 새 둥지에서 "찌찌 찌찌" 하는 이상한 소리가 났다. 새 생명이 태어나고 있었다. 작은 둥우리가 흔들릴 지경이다. 연탄 화덕에 떨어져 새 구이가 될까 봐 걱정이 되어, 커다란 스테인리스 세숫대야를 화덕 위에 씌우고, 그 위에 축축한 가마니를 덮어 두었다. 어미 애비 새는 부지런히 먹이를 물어와, 고 작은 네 개의 주둥이에 밀어 넣었다. 새 생명들로 흥분하여 나는 틈만 나면 멀찍이서 구경했는데, 며칠 후 새끼 세 마리가 어미 따라 날아가 버렸다. 아기 새 한 마리는 부실해서인지 어둠이 내리는 둥우리 안에서 날갯짓만 하고 있었다.

'일어나. 어서 날아 봐!' 어미 새는 애가 타서 장독대까지 내려와 "찍 찍 찍" 울면서 부른다. '그래. 여기는 네가 혼자 있을 곳이 못 돼. 도둑고양이도 다니고, 들쥐도 너를 가만두지 않아. 힘내. 어서 날아 봐!' 나도 속으로 응원하며 떨고 있었다.

휴짓조각처럼 굴러떨어지는 아기 새, 젖은 가마니에 떨어졌다가 다시 시멘트 바닥에 떨어졌다. 아무래도 혼자선 힘들 것 같아 살짝 집어 장독 뚜껑에 올려주었다. 파르르 떠는 작은 몸에서 전해지는 따뜻한 온기, 생명감이 손바닥을 타고 흘렀다. 그날 모두 무사히 날아간 후, 열악한 환경에서도 무사히 새끼들을 길러낸 딱새 부부에게, 여리고 서툰 날갯짓으로 어미를 따라붙은 아기 새들에게도 크게 박수를 쳐주었다.

문득 우리네 삶을 둘러보게 된다. 분명 저들보다 우린 서로 더 돈독하고 헌신적이며 덜 이기적이어야 하지 않을까. 하나 자신 있게 '그럼 그렇고말고요.' 하고 답할 자 얼마나 될까. 나 역시도…. 그러나 이 좋은 봄날에 웅크리고만 있지 말고, 활짝 기지개를 켜고 마주 보며 웃어보자. 나와 너, 당신과 그대, 그대와 그대…. 얼마나 사랑스러운가. 내 손은 분명 봄풀을 뜯고 있는데, 생각은 물안개처럼 퍼져만 간다.

나물 캐던 친구들을 겨우 찾는다. 담장 밑에서 돗자리를 깔고 앉아 작업한 나물을 다듬고 있다. 무슨 재미난 이야기를 하는지 웃음소리가 달다. 봄기운을 타니 할매들 웃음소리가 아기들 웃음만큼 싱그럽게 들린다. 나는 나물을 곱게 다듬어 세 묶음으로 만든다. 겨울 보낸다고 힘들었을 딸네, 아들네 집으로 쌉싸래한 봄 향을 보내주련다. 지난봄에 쌍둥이를 본 아들네에게는 한 줌 더 넣고.

'어머, 벌써 봄이네.' 하며, 얼마나 반가워하랴.

백일홍은 아직도 붉게

골목으로 접어들자 후미진 곳에 '버섯'같이 엎드린 작은 옛집 한 채가 나타났다. 사립문도 없는 좁은 마당 구석에 한 포기 꽃들이 낙엽을 끌어안고 늦가을의 추위를 이겨내고 있었다. 사진 찍던 방문객들이 서둘러 빠져나간 집엔 다시 적막이 들어찬다. 빈 장독들, 녹 낀 양철 물통, 요강, 지게, 갈색이 된 창호지 문, 어두컴컴한 정짓간의 그을린 아궁이…. 옛날 쓰던 것은 그대로인데, 집안에선 서늘한 바람이 인다. 주인 없는 텅 빈 집은 썰렁하기가 얼음장 같다. 집쥐들도 죄다 도망쳤나 보다. 어느 집에선지 늙은 소가 지겨운 듯 길게 울음을 흘린다. 난 지금 소설가 이청준 님의 생가 툇마루에 앉아 있다.

올가을 문학 기행 차 장흥을 찾았다. 부산에서 장흥까지는 꽤나 먼 거리라 이른 아침부터 나를 태운 버스는 열심히 달렸다. 도심을 벗어나자 볼거리가 푸짐했다. 추수가 끝난 빈 들, 날리는 낙엽, 방울처럼 매달린 감, 단풍 든 낮은 산들이 연이어 나타났다. 지나는 길에 몇 군데 고적지를 들렀다. 보림사의 업경대業鏡臺 앞에서 놀란 가슴을 쓸어내리고, 정남진正南津 전망대를 들러 천관문학관 등을 돌아보며, 마음 한 자락 머문 곳을 휴대전화 속에 사진으로 남기고 서둘러 장흥으로 왔다.

장흥長興 진목마을에는 이청준 작가의 생가가 있다. 힘겹던 세월의 모퉁이를 굽이굽이 돌아서, 고달픈 작가의 길을 걸었던 순순恂恂한 분이셨다. 옛날 고교 교과서에 실려 있던, 고향을 배경으로 한 〈눈길〉이란 글을 읽었다. 객지에 나가 있는 아들에게 팔린 집에서나마 따뜻한 밥 한 끼와 포근한 하룻밤을 재워 보내려는 노인이 나온다. 새 집주인에게 양해를 받아 아들이 다니러 올 때까지 그 집 마당도 쓸고 걸레질하던 노인, 눈 내리는 어두운 산길을 넘어 아들을 배웅하고 혼자 돌아오며 아들의 발자국을 찾아 기도하는 노인은, 작가의 어머니이고 우리들의 어머니가 아닐까.

어느 봄날, 선배 부부와 우리는 청산도에 간 적이 있다. 바닷바람이 시원한 언덕 위에 영화 〈서편제〉 촬영지인 주막이 있었다. 마루에 앉아 영화 속 주인공이 되기도 하고, 언덕길을 따라 내려오며 엉터리 판소리도 하다가 원작의 작가를 떠올렸다. 바닷가 숙소에서 저녁 식사를 하면서도 〈서편제〉와 작가 이청준에 대한 이야기가 계속되었다. 그때 남편이 작가의 소설 〈이어도〉와 〈당신들의 천국〉에 대해서 열정적으로 이야기하여 우리의 귀를 모았다. 그리고 "이청준 작가는 이 시대 최고의 격조 높은 소설가였다."라고 격찬을 했다. 반주飯酒 덕분인지 네 사람이 듣기엔 아까운 목소리였다.

이전에 나도 작가의 〈지배와 해방〉을 읽은 기억이 난다고 말했더니, 남편이 갑자기 토끼 눈을 하고서는 큰 목소리로 물었다.

"그 소설을 읽었어요? 이해가 되던가~요?"

이 무슨 실례의 말씀일까.

"예에, 족집게네요. 어려워서 이해할 수 있었겠어요오?"

울화를 가까스로 참고 농으로 넘겼다. 밤톨만 한 내 자존심이 쨍그랑 소리를 냈다. 다행히 밤새 머리맡에서 파도 소리가 찰싹거리며 다독여 주었다. '그깟 일로 토라지는 성미하고는 쯧….' 해조음海潮音 덕분인지, 이른 아침 작은 해변 마을에서 들리는 자질구레한 삶의 소리들 덕분인지 다음날 일어나니 내 기분은 '맑음'이었다.

툇마루에서 올라오는 냉기도 잊은 채 청산도 생각에 젖어있었다. 소설 〈지배와 해방〉에는 오래도록 기억에 남는 말이 있다. "작가는 뽕잎을 먹고 명주실을 뽑아내는 누에가 되어야 한다. … 작가는 자유로운, 인간다운, 행복스런 삶에 대한 깊은 사랑 때문에 쓰고 있고 써야 한다."라고 했다. 내게는 젊은 날이나 지금이나 난해하기는 그대론데, 이 글이 이리도 뇌리에 박혀 있는지…. 나는 뽕잎을 먹으면 새파란 뽕잎 똥만 남기는 정도는 되는지? 삶을 먹고 삭혀서 명주실이 될 때까지 발효시켜 보리라. 생뚱스럽게도 약관弱冠에나 이립而立 때에 할 철없는 다짐을 해보면서 문득 내 나이가 부끄러워졌다. 소설 속엔 글자 하나하나 외우고 싶은 구절도 있었다.

삶·에·대·한·깊·은·사·랑·때·문·에….

낮은 담장 그림자가 마당을 건너온다. 돌아가려고 삽짝으로 향하다 걸음을 멈춘다. 골목에서 낙엽을 안은 바람이 헤집고 들어와 마당 구석에 소복이 앉은 백일홍(국화과) 줄기를 흔들어 놓는다. 꽃들이 살아 움직인다. 건조한 집안에 꽃 향이 번지면서 꽃들이 촛불처럼 빨갛게 타는 듯하다. 몸을 낮춰 꽃을 가만히 들여다보니, 정중正中에 수술의 노란 불길과 암술의 빨간 심지도 보인다. 이는 아마도 작가의 고매한 정열과 도저한 학문의 상징이 아닐까. 곧은 줄기 끝에 겹겹이 꽃잎을 차려입은 깔끔한 매무새는 작가의 단아하고 고고한 삶을 엿보여 주는 걸까. 여름에 피어나 낙엽이 지는 이 계절에도 텅 빈 집을 혼자 지키고 있는 백일홍이 참으로 곱다.

빨간 꽃이 작가의 환영幻影인 양 자꾸 뒤돌아보며 천천히 생가를 나선다. 골목길이 탯줄처럼 길게 누워있다.

어느 봄날에

오월에는 모두가 들썩인다. 대지나 사물이나 사람들이 한결같이 바쁘다. 보리가 빳빳하게 푸르고, 논에는 모내기를 한다. 얼치기 농부인 나는 더 바빠진다. 지난가을에 꽂아 둔 양파가 알이 통통해져 거두었다. 그런데 밭의 흙을 일궈서 고구마를 심어야 하고, 잡초들과 씨름도 해야 한다. 농사는 시기가 있어 더 늦추면 옳은 결실을 얻지 못하고 허방이 된다.

어둑할 때 일어나 밭에 갈 채비를 해서 나서는데, 남편이 일어나지도 않고 퉅퉅댄다. "씰데 없는 일을 벌여서…. 쯧쯧." 못

들은 체해도 마음이 시끄럽다. 내가 좋아서 하는 일이니 모른 척하고 나갈 수밖에 없다. 나는 프라이팬의 전煎은 잘 뒤집는데 생활 속에서 전황을 뒤집는 재주가 영 신통찮다. 요즘 남들은 삼식三食 씨에게 큰소리친다는데 말이다. 이따 저녁에 한 번 따져 봐야겠다.

대저 중리에 있는 이 밭은 곡절이 많다. 수년 전 도심에서 좀 떨어진 곳에 주택을 지으려고 샀는데, 신도시로 묶이는 바람에 세월만 흐르고 있다. 강제 이행금이 너무 많아 창고나 간이 공장으로 빌려줄 수도 없다. 지목이 전田이라 텃밭을 만들었다. 나무를 심고 밭작물을 이것저것 지으면서 힘은 들어도 금방 흙과 친해졌지만 남편은 그러질 못했다. 당장 팔아버릴 수도 없는데 투정을 하니 갈수록 더 철이 없어지나 보다.

희뿌연 새벽이 걷히면서 주변의 나무들이 맑은 공기를 싸하니 깔아준다. 차창으로 시원한 낙동강을 내려다보면서 지하철 종점 대저역에서 내린다. 팔을 휘휘 저으며 걷다 보면 없던 신명도 생겨난다. 넓은 논을 지나고 작은 마을로 들어서면, 낮은 담장 밖으로 강아지가 따라오고 개구리밥이 떠 있는 도랑물이 함께 간다. 길가엔 양지꽃, 딱지꽃, 씀바귀가 웃는다.

"모두들 잘 있었니?" 하며 밭에 들어서면 우르르 또 반겨준다. 줄을 선 매실나무들이 녹색 구슬을 뒤집어쓴 듯하다. 모퉁이에 선 산수유도 바람에 잎을 팔랑이며 열매들을 보여준다. 윗가지에 앉은 딱새 두 마리가 찍찍거리며 훈수를 떤다. 빨리 흙을 뒤집으란다.

고구마 줄기를 밭 구석으로 밀쳐놓고 호미, 낫, 괭이를 가지런히 꺼내 놓는다. 삽을 들고 일을 시작하다 말고 심란해진다. 그새 나무 밑은 물론이고 밭고랑 위까지 잡초들이 완전히 점령했다. 평소엔 풀꽃을 좋아해서 일일이 이름도 불러 주건만, 밭에만 오면 풀을 미워하여 지청구를 한다. 밭고랑 한쪽을 잡초들 터로 남겨두었는데도 소용이 없다. 너희들은 나대지로 가든지 퇴비장으로 가거라 하며, 푹푹 떠서 빈 곳으로 던진다. 광대나물, 우슬, 보리뺑이들이 씩씩거리며 날아간다. 제초제는 안 하더라도 비닐 멀칭이라도 해야겠다. 한 고랑을 다 하기도 전에 힘이 빠진다.

"짹짹 짹 짹 짹…."

갑자기 한쪽 구석이 소란스럽다. 참새들이다. 온 동네 참새가 다 모인 것 같다. 거름으로 삭히려고 집에서 가져온 깻묵을 거름통으로 던졌는데 봉지가 터졌나 보다. 고소한 냄새가 가득하다. 참새들이 촐싹거리면서 연신 먹이를 쪼며 조잘거린다. 김기칭 화백이 그린 살아 있는 〈군작도群雀圖〉다. 어린아이들 모습 같다. 이 귀여운 것들을 쫓을 수 없으니 잠시 작업 장소를 옮겨야겠다.

낫을 들고 매실나무 쪽으로 가서 웃자란 잡초들을 벤다. 띠풀과 갈대를 쳐내고 개망초, 씀바귀가 무리진 곳으로 간다. 이것들도 꽃이라고 나비가 찾아든다. 초록 바탕에 꽃무늬가 찍힌 씀바귀 보자기 위에, 호랑나비 두 마리가 날개를 꼭 접은 채 미동도 없이 공중에 떠 있다. 거미줄에 걸렸나, 살펴봐도 거미줄은 없다. 얘들이 아마도 사랑을 나누고 있나 보다. 나는 그 자리를 잠시 피해 주기로 하고 밭 안쪽으로 들어갔다.

나뭇가지에 주먹만 한 새 둥지가 두 개 보인다. 조금 큰 것은 비었고, 작은 둥지에는 알이 네 개 들어 있다. 메추리알보다 훨씬 작은 파르스름하고 투명한 옥玉빛이다. 옆의 잔가지를 끌어다 타액으로 붙여 위장해 놓고 있다. 사철나무 울타리에서 새소리가 유난하더니 알을 품고 있었구나. 여기도 비켜야겠네. 오늘은 숨은 그림을 많이 찾았다. 이런저런 핑계 삼아 일터를 자주 옮기니 일이 잘 안 된다.

다시 고구마밭으로 왔더니, 낯익은 마을 할머니가 샛길로 지나간다.

"왔심껴. 매실이 조롱조롱하네여."

할머니 말대답을 건너편 감자밭 할아버지가 한다.

"무슨 낫질을 그래 하는고 몰라. 풀은 안 베고 설렁대기만 하거만은…."

사람 목소리가 반가워 꾸벅꾸벅 인사를 했다. 다시 일을 시작하려는데 가끔 밭일을 도와주는 경아 엄마한테서 전화가 왔다. "행님, 일 쫌 했습니껴. 급한 일이 있어 나왔는데…." 하면서 낼 일찍 와서 돕겠다고, 고구마 줄기는 그늘진 데나 고무 함지박 물속에 꽂아 두란다. 언제는 남만 의지하고 일했나 하면서도 섭섭해진다. 오늘 할 일을 어지간히 해놔야 하는데….

해는 벌써 중천으로 오고 있다. 괭이를 들고 흙을 파기 시작한다. 지렁이 무당벌레 개미가 놀라 야단이다. 경아 엄마를 괜히 기다렸다 싶다가, 친구 따라 등산 갔을 남편이 불쑥 생각난다. 괘씸하다. 사철 밭에서 나는 갖은 나물이며, 돌나물김치, 들깨숭어리, 김치호박전, 쑥털털이…. 먹기만 하고 아무짝에도 소용없네. 주례 선생님이 뭐랬나, 안사람 말을 잘 들어야 집안이 편해진다고 했지…. 괜히 나 혼자 성화成火를 낸들 뭐하겠나. 저녁에 보사.

두 고랑을 겨우겨우 마무리했다. 인기척에 땀을 훔치고 꺾인 허리를 주먹으로 펴면서 길 쪽을 보니 차 한 대가 들어선다. 웬 남자가 밭쪽으로 뚜벅뚜벅 걸어온다. 이 동네 사람이 아닌데, 안경에 김이 서려 잘 보이지도 않는다.

"누구신데요, 무슨 볼일이 있습니까?"

무섬증을 누르며 목소리를 높인다.

"아, 내. 나요, 놀라기는…. 혼자 어찌할라고."

남편이다.

"등산 간다더니 와 오요. 사마귀도 모르는 사람이…."

별로 반갑잖은 듯 눈을 내리깔았다. 지난번에 남편은 농사 '농' 자도 모르고 사마귀 '사' 자도 모른다고 자기는 밭에 안 온다고 했었다.

땀을 닦으며 일을 시작한다. 따가운 햇살이 두 사람의 등 위로 쏟아진다. 남편은 괭이로 파고 나는 호미로 흙을 골랐다. 촉촉하고 상큼한 흙냄새가 콧속을 후벼든다. 함께하니 한나절 할 일을 후딱 해치운다. 점심으로 주먹밥 두 개 준비한 것을 자찬하면서, 작은 새집 이야기를 남편에게 들려준다.

늦은 오후, 돌아오는 차 안에서 운전하는 남편의 얼굴을 보니 까맣게 탔다. 모자 밑으로 빠져나온 자분치가 실처럼 하얀 것을 보니, 낙엽 줄에 선 세월은 감출 수가 없나 보다. 잠시나마 마음속으로 남편을 흉본 것이 미안하다.

뒷자리에 비스듬히 앉아 오수에 빠져드는데, 연둣빛 오월 하루가 기분 좋게 지나간다.

큰언니와 호박

영판 무던한 큰언니를 닮은 듯하다. 동트자마자 중리 텃밭에 왔다. 잡초를 뽑아내다가 밭 구석 덤불 속에서 누렁누렁 익은 호박 한 덩이를 찾아내 반가워서 어쩔 줄 모른다. 잡초들 등쌀에 애호박 한 개도 못 건질 줄 알았는데. 굵은 배꼽 줄을 단 채 펑퍼짐한 엉덩이를 풀더미 위에 얹어놓고 빙그레 웃고 있는 양이 푸근한 큰언니 그대로다.

큰언니의 나이가 어느새 여든이다. 나이가 드니 생각이 어려지는지 동생들을 만나면 어릴 적 이야기를 즐겨 한다. 막내인 나에게도 자주 꺼내는 에피소드가 서너 가지 있다.

6·25 한국전쟁으로 앓아누우신 아버지를 대신해 어머니가 생계를 맡게 되었다. 큰언니는 학교도 그만두고 '살림 밑천'이 되어 온갖 집안일을 맡았다. 4학년 말에 이사를 하게 되어 동대신동에서 영도로 전학을 해야 하는데, 나는 어른들 말을 듣지 않고 십릿길을 걸어서 학교에 다녔다.

어느 겨울날, 학교 가려고 일찍 나섰으나 작은 체구로 영도다리를 건넌다는 것은 무척 힘들었다. "꼭 전차 타고 가래이." 하면서 큰언니가 2원 50전 하는 전차표 2장과 용돈 2원까지 주었는데, 고집스럽게 걷다가 다리 한가운데에서 낭패를 당했다. 세찬 바람에 날릴 듯하여 오도 가도 못하고 웅크리고 앉으려 할 때였다. 내 앞에 통치마를 입은 덩치 좋은 처자가 펑퍼짐한 엉덩이를 내려놓더니, "업혀라!" 하고 등을 들이댄다. 큰언니였다. 화난 듯한 말투였지만 큰언니의 등은 너무나 따뜻했다. 업혀서 학교에 가는 내내 소름 끼치는 바람 소리가 쉴 새 없이 전깃줄에 감기고 있었다. 혹시나 싶어 내 뒤를 밟았을 큰언니의 따스한 마음씀이 지금도 아련한 체온으로 전해온다.

5학년 겨울방학이 가까워서다. 그날은 도시락을 가져오지 않아 점심시간이 걱정이었다. 4교시가 끝날 때쯤 덜커덩하며 삐거덕거리는 가교사의 앞문이 열리더니, 얼굴이 상기된 큰언니가 보였다. "선생님, 안녕하십니꺼. 양사 뻰또(도시락) 가져왔습니더." 선생님이 도시락을 받아 내게 건네준 것 같은데, 내 얼굴은 언니보다 더 빨개진 듯했다. 그 먼 데서 내 도시락을 가져왔다. 그것도 도시락 보자기에 김칫국물이 한 방울도 묻지 않게 말이다. 그날 선생님과 잠깐 얘기를 나누는 언니는 참으로 예뻤다. 방년 18세. 돌아서는 언니의 등 뒤에 한 가닥으로 땋은 머리카락이 저고리 끝 선에서 간들거리고 있었다.

고갈산 기슭이 누런색으로 변해가던 어느 가을에, 친구 광이랑 호박 서리를 했다. 누구네 옥수수밭 돌담에서 호박 한 덩이를 봤다. 머리통만 한 호박이 돌 틈 사이에 옹골지게 앉아 있었다. 널따란 잎은 시들어 넝마처럼 걸쳐졌고, 그늘 속에서 자란 호박은 허옇게 탈색되어 있었지만 우린 무슨 횡재를 한 듯 좋아서 펄쩍펄쩍 뛰었다. 광이는 고등학생 오빠한테 배웠다면서 "팜프킹 팜프킹." 하며 춤을 추고, 미국말을 처음 들은 나는 그냥 광이 따라 흉내를 내었다. 호박 배꼽 줄을 끊다가 누구의 생각인진 모르지만, 네모진 돌팍에 돼지머리 대신 호박을 얹어놓고 호박꽃 수술로 촛불을 만들어 세우고 제사를 지내기로 했다. 시들은 꽃 두 개를 주워 촛불을 만들었는데, 그래도 호박 양편에 촛불을 세우니 노랗게 타는 듯했다. 집으로 돌아올 때, 어쩌다 호박은 내 차지가 되었다. 파란 하늘에 둥둥 뜨는 듯 집으로 와서, 큰언니에게 자랑을 했더니, "갖다 버려라. 그건 못 묵는 기다." 하며 칭찬은커녕 꾸중을 했다. 왜 못 먹는다고 했는지 그때는 알 수가 없었다. 남의 농작물에 함부로 손댈까 봐 걱정했을 것이다.

큰언니는 아직도 영도섬에서 산다. 집 앞 좁은 골목길 이름이 '사라2길'이다. 학교 물 더 먹은 동생들은 대처로 떠나 살고, 자녀들은 결혼하여 제금 나가 멀리 산다. 지금 언니는 홀로 동그마니 섬처럼 살고 있다. 고립무원孤立無援이다. 정겹던 이웃들은 제 자식 따라가기도 하고, 더러는 저승길로 떠나버려 이제 드문드문 홀로 사는 이웃도 작은 섬처럼 외롭다. 골목을 들락거리던 참새나 비둘기도 발길을 끊었다. 이제 '사라길'은 고적孤寂만이 길을 따라 흐른다. 인간은 누구나 '떠다니는 섬'(≪표류도≫, 박경리)이라 했지만.

알곡을 익히려는 가을볕이 따갑다. 밭일을 하는 내내 나는 학동시절 단발머리 가시내로 돌아가 있었다. 호박을 보자 기억이 해동된 듯 큰언니 생각이 났다. 중국에선 호박을 금과金瓜라고 한다는데, 호박은 금이니 보물이다. 큰언니는 어려운 시절에 우리 집의 보물이었다. 돈 만 원 하면 살 수 있는 호박이지만, 쑥대밭 속에서 정좌正坐를 하고 있는 큰언니를 닮은 누렁 호박 한 덩이는, 사뭇 다른 느낌으로 내 마음을 풍성하게 한다.

저녁에, 푹 삶은 호박에 강낭콩과 찹쌀 새알도 넣고 맛있게 죽을 끓여 큰언니에게 갖다 줘야지. '뭘라고 이 고생을 하노. 덥은데….' 무심한 듯 말하겠지만 얼마나 반가워하랴. 큰언니를 안듯 호박을 끌어안고, 끙끙거리며 집으로 돌아오는 전철을 탄다.

삐뚤, 날개가 돋다

노란 색종이로 겉표지한 프린트 문집을 한 권 얻었다. 한 장씩 넘기며 글과 그림을 본다. 글과 글씨가 벌레들같이 꾸물꾸물 기어간다. 육칠십을 살면서 글자 깨칠 시간 없이 달려온 고달픈 삶이, 고열高熱을 만난 초자硝子처럼 삐뚤삐뚤한 글씨 속에 녹아 있다.

아주 까막눈 때는/ 공부가 꿈이 엇는디/ 인자 쪼매 눈뜨니/
애미 업는 손자 고등학교/ 마칠대까지 사는기 꿈이요/ 내 나이칠십 다섯잉께/ 얼마나 더 살랑가 몰라도/ 우짜등가 즈거 앞가름까지/ 잘거둬 맥이고 다부지기 살것시오/ 그것이 이할미 꿈이요.

— 〈할미꿈〉, 김생○

글 말미에 큰 개미 두 마리가 서 있는 듯한 사인펜 그림이 있으니, 손자가 둘인가 보다. 옆에 음식으로 보이는 작은 점들을 싼 보자기가 놓여 있다. '2015, 부산지역 문해학교 시화모음'집 표지의 시화이다. 서툰 글씨가 언니의 글씨와 닮은 듯하다.

몇 년 전 언니가 위궤양으로 대학병원에 입원한 적이 있었다. 생업에 바쁜 조카들은 수술하는 날 오기로 하고, 내가 간병을 하고 있을 때였다. 6인실 병실은 환자와 보호자들로 북적였다. 내일 한자 2급 자격시험이 있는 날이라 원서를 낸 나는 마음이 급했다. 보호자석에 앉아 신문지로 가린 채 예상문제지를 보고 있었다.

"저 아지매는 뭐 배우는고? 신문지로 가라갖고." 맞은편 할머니가 몹시 궁금한가 보다. "뭐 배우겠노 뻔하지. 한글 배우겠지 뭐. 나도 ㅎㅅ어싱회관에시 힌글 베우다 치와뿟다. 아파싸서."

옆 침대 할머니가 자신 있게 답을 한다. 한번 보자며 옆 환자의 할아버지가 내 옆에까지 와서 살펴보고 간다. 그러자 자기 동생을 한글도 모르는 사람으로 여긴다며 언니가 불편해 한다.

자녀 둘이 대학을 나왔고, 막냇동생인 내가 학교 공부를 조금 더한 데 대해서 대단한 긍지를 가지고 있는 언니다. 심기가 불편해서인지 눈까풀이 위로 찢어진다. 이 낭패스러움을 어쩌면 좋은가. 내 입장을 솔직하게 이야기했다.

칠십이 다되어 얻은 내 시간에, 평소 하고 싶었던 한자를 배우고 있다고 이야기를 하면서, 한글 배우실 분은 병원생활 며칠간이라도 도와드리겠다고 했다. 수술이 끝난 옆 침대 할머니가 희망했다. '나 너 우리 동무 사랑해.' 글을 종이에 쓰고 손짓과 표정으로 글의 뜻을 새겨주었다. 우리는 금방 친구가 된 듯, 나란히 앉아 각자 공부를 시작했다. 이번 시험이 끝나면 이순耳順이 넘도록 한글을 모르는 분들을 위하여 나도 할 일을 찾아봐야겠다고 마음먹는다. 한데 '나 너 우리….' 언젠가 본 글이 아닌가.

노란 표지의 삐뚤삐뚤한 글씨에서 어머니의 아릿한 냄새가 난다. 어머니는 여인들이 길쌈을 하던 한 세기도 더 전 세월, 지리산 자락에서 태어나셨다. 양친 슬하에서 가르침을 잘 받고 자랐어도 글을 배울 여가는 없었다. 공손한 말씨, 밝은 표정, 음전한 태도, 반듯한 성품이었으나 글을 잘 읽거나 쓰질 못하셨다. 그래서 젊은 날 우리는 어머니가 한글이 서툰지를 눈치채지 못했다. 결혼하고 얼마 되지 않은 무렵, 잠시 친정엘 들렀을 때였다. 회갑을 넘기신 어머니가 까막눈이라서 불편하다고 하셨다. 한때 가게에도 나갔었는데 의외라고 생각했지만, 가끔 들러 한글을 가르쳐 드리겠다고 약속을 했다. 낱자는 조금 안다고 하셨지만 처음부터 시작하자며 써드린 글자가 '나, 너, 우리, 고양이, 개'였고, 그게 처음이자 끝이었다. 변명이고 엄살이지만 아이들 키우랴, 시집에서의 어려운 인간관계를 풀어가랴, 도시락, 연탄…. 생활은 잠깐의 시간도 내주지 않았다. 그렇지만 어머니의 그날 그 삐뚤한 글씨는 삶의 힘든 고비마다 '참고 살아라.'며 내 마음을 다잡아주는 버팀목이 되었다.

> …삐뚤삐뚤한 글씨로/ 삐뚤삐뚤하게 살지 말라고/ … 못으로/ 내 가슴을 박으셨다/ …
>
> – 신달자 시집, ≪어머니, 그 삐뚤삐뚤한 글씨≫ 중에서

어머니가 세상을 뜨신 그즈음에 위 시집이 나왔다. 책을 사서 교과서마냥 가방 속에 넣고 다녔다. 일면식도 없는 시인과 나는, 시를 통해서 시도 때도 없이 서로의 어머니를 만나며 울먹거렸다. 어머니는 얼마나 불편하셨을까. 눈 뜨고 못 보는 것이나, 안 보이는 것이 뭐가 다르랴. 나는 마음을 읽지 못하는 맹인이었다. 비 온 뒤 뻗어 오르는 푸새들마냥 회한이 솟는다.

그동안 나는 어디에서나 항상 받기만 하는 쪽에 있었다. 갚을 길 없는 은혜의 빚이 켜켜이 쌓여 있다. 이제는 시간도 건강도 조금은 여력이 있으니, 어디든 '한글 교실'에 문의해 봐야겠다. 미력하나마 봉사할 곳이 있는지. '늦다고 생각할 때가 이르다.'는 말에 위로받으면서. 물질이든 지식이든 서로 나눠야 온기 있는 사회가 유지됨을 새삼 느낀다. 각박한 세상이라지만 각종 봉사단체나 복지관 등에서 헌신하는 분들이 있어, 보다 밝은 미래를 기대할 수 있겠다.

다시 '문해학교 시화' 문집을 펴들었다.

"… 글 배아노니 참 좋다…."

"… 자식들에게 편지로 써서 안부도 묻고…."

늦깎이 학생들의 문맹 탈출한 기쁨과 자녀들에 대한 간절한 소망이 거짓 없이 담겨있다. 삐뚤삐뚤한 글자들은 겨드랑이에 톡톡 날개를 돋우며 금방이라도 날아오를 듯하다.

까만 국수

까만 국수였다. 까만색 자장면을 처음 먹어보았다. 반질반질한 진갈색 양념으로 비빈 국수 가락에 고기, 야채, 완두콩을 넣어 쫀득하게 비벼졌다. 초등학교 5학년 때 얼굴이 박꽃같이 환해진 박 씨 아저씨가 사 준 점심 요기였다.

6·25로 부산에 몰렸던 피난민들의 객지생활은 궁핍하기 그지없었다. 본토박이 부산 사람들의 사정도 다를 바 없었다. 우리 집도 일 년 전부터 아버지가 앓아누우셨고 군대에 간 오빠는 아직 제대를 하지 못했다. 엄마가 국제시장 모퉁이에 조그만 염

색 물감 가게를 열었는데, 가게의 허드렛일을 맡은 사람이 박 씨였다.

박 씨는 진쟁 때 단신으로 월남한 양순한 분으로, 가게에서 숙식하면서 청소며 심부름 등 힘든 일을 도맡아 해냈다. 처음 하는 가게 일이 서툴고 힘들었던 엄마는 박 씨의 도움을 더없이 고마워했다. 그가 거처하는 가게 구석방에는 궤짝으로 만든 책상이 있었고, 그 위에는 늘 누런 똥종이 공책과 몽당연필이 놓여 있었다. 박 씨는 밤마다 그 공책에다 고향 부모님께 편지를 쓴다고 했다. 그러다가 수더분한 여인을 만나 번듯한 결혼식은 못 올렸지만 이웃의 덕담 속에서 가정을 꾸렸다.

연록빛 풀 사이로 씀바귀와 쇠별꽃들이 길을 따라 핀 어느 봄날, 하굣길에 가게에 들렀는데 엄마가 보이지 않았다. 풀이 죽은 나를 달래주려는 듯 박 씨 아저씨는 엄마가 자기 집에 계신다면서 나를 데리고 갔다. 경사가 급한 언덕길에는 조그만 판잣집들이 다닥다닥 붙어있고, 축대 옆으로 내려오는 비탈진 도랑에는 시커먼 하수가 연이어 흘러내렸다. 길옆에 난 조그만 문으로 들어가서 방문 고리를 조심스레 당겼다. 후끈한 열기가 확 밀려 나왔다.

상기된 얼굴의 엄마가 대뜸 집으로 가라면서 화를 냈다. 평소와 딴판이었다. 무안해서 울고 싶었지만 꾹 참는데, 정작 울상이 된 사람은 박 씨였다. 나는 놀라 벽 구석에 숨어 방안을 훔쳐보았다. 마룻방에 금방 죽을 것만 같은 젊은 여자가, 얇은 이불을 덮고 신음하고 있었다. 옆집 아주머니가 뜨거운 물을 가지고 들어갔고, 마룻바닥에는 검붉은 핏물이 퍼져 있었다. 젊은 여자가 연신 비명을 질러댔다.

사람이 죽어가고 있구나, 하는 두려움으로 무릎이 후들거렸다. 환자를 돌보던 사람들이 "때려 봐요! 찬물을 가져와요. 어쩌나 …." 하며 수런거렸을 때 엄마의 목소리가 크게 들렸다.

"호들갑 떨지 마라. 괜찮을 끼다."

나는 더 이상 쳐다보지 못하고 밖으로 뛰쳐나왔다. 오후의 강렬한 햇살이 사방에 깔려있었다. 가까스로 마음을 가라앉힌 나는 숨이 턱에 닿도록 뛰어 집에 왔다. 언니에게 자초지종 이야기했더니, "알라 낳는가배." 하면서 산모가 걱정이라며 근심스러운 표정을 지었다. 저녁 무렵, 지친 모습으로 돌아온 엄마가 다행히 산모와 아기는 무사하다고 말했다.

요즘은 산후 조리를 조리원에서 한다. 얼마 전 질녀가 조리원에 있다고 해서 가 보았다. 규모가 꽤 큰 조리원에는 아기방과 산모방이 따로 있고, 출장 조리원도 있어 간호사가 집으로 와서 산모를 돌봐 주기도 한다고 했다. 좋은 세상이 되었구나, 하는 생각이 들면서도, 산후 조리를 집에서 하면 고부간에 정도 들 텐데 하는 마음도 들었다.

1970년대에 나는 아이 셋을 낳아 키웠다. 그땐 대부분 병원에서 출산하였고 산후 조리는 집에서 했다. 집안일이 서툴고 몸도 약한 며느리가 출산을 연이어 하는 바람에 돌봐주는 시어른들의 고생이 여간 아니었다. 그래도 세 아이들은 자라면서 어른들의 기쁨이 되었고, 나는 지금까지 그때의 감사함을 잊지 못한다. 시대가 발달하면서 출산 방식도 많이 달라졌다. 하지만 끈끈한 혈육의 정리만은 예전처럼 이어졌으면 싶다.

박 씨네 아기가 태어난 며칠 후 엄마의 표정이 한결 밝아졌다. 엄마는 박 씨에게 진 빚을 반은 갚은 기분이었다고 하셨다. 세 가지 듣기 좋은 소리 중에 아기 우는 소리를 넣는다. 지금과 달리 전쟁 중에도 아기 우는 소리와 애들 노는 소리는 골목마다 가득했다. 그 소리들은 신명을 골목골목으로 끌고 들어오는 소리였다. 모든 것이 부족하고 궁핍한 시절이었지만 마음까지 가난한 것은 아니었다. 이웃끼리 경조사에 서로 돕고, 해산을 하면 서로 내 일처럼 돌보았다. 가난한 동네였지만 풀꽃처럼 서로 엉키듯 의지하며 살았다.

풀꽃은 볼품없지만 사방으로 뻗어가면서 어깨걸이를 한다. 한두 해가 지나면 꽃 덩이로 피어 들판과 산기슭을 덮으며 제 품성을 환하게 드러낸다. 가난이라는 시련은 때로는 풀꽃을 키워주는 단비 역할을 하기도 한다. 오늘날이 아무리 풍요롭다고 하지만, 가끔은 풀꽃처럼 어울려 사는 재미도 필요하다. 옆집 아이가 태어나도 모르고 지내는 아파트살이는 제대로 사람 사는 풍경이 아니라는 생각이 들기도 한다. 그럴 때면, 풀꽃처럼 서로 도우며 살던 그 시절의 정이 그리울 때가 있다.

오늘 점심으로, 손녀들이 자장면을 먹자고 해서 모처럼 동네 중국집에 왔다. 아이들 몫으로 두 그릇만 주문한다. 손녀들이 자장면을 먹다가 면발을 감아 내게 건넨다. 어서 먹으라는 손짓을 하면서 창밖을 본다. 가로수 나뭇잎 사이로 아슴푸레하게 그때의 봄기운이 다가온다. 머리를 맞대고 자장면을 먹고 있는 아이들이 마치 내 옛 모습인 듯하다.

불현듯 처음 먹어 보았던 까만 국수의 맛이 엊그제 일처럼 떠올라 입 속에 군침이 돈다.

2

해국

도개교跳開橋 위에서 · 푸조나무 입춘방立春榜 · 빈들레 필 때 · 울보들의 합창

20원짜리 공책 · 달, 우리 동네 비추지 · 은팔찌 · 별명

도개교跳開橋 위에서

어떻게 변했을까? 반가운 만남이라 마음이 설렜다. "어쩌면 역사의 뒤안길로 영영 사라질 뻔하다 47년 만에 다시 열리는 다리를 보려고 그야말로 인파가 운집했다."(2013. 11. 27. 부산 영도대교 재 도개)는 기사를 보고도 미루다가 봄볕이 따스해서 구경하러 나왔다. 역시 추억과 현재와 미래를 보려는 많은 사람이 모여들었다. 남포동 전철역 출구를 벗어나 다리 아래로 접어드니 점집, 국숫집, 마른 개구리를 매달아 놓은 건재약방이 반긴다. 여긴 옛 시간이 요만큼이라도 머물고 있구나. 영도 쪽에서 보는 다리는 한 마리의 와룡臥龍 같다. 용두龍頭(용두산), 용구龍口(영도다리), 용신龍身(구덕산)이 확연하다. 용미龍尾는 낙동강 700리에 풍덩 담겨서 북으로 뻗었을까.

상상을 펴고 있는데, 12시를 알리는 사이렌이 울리고, 〈굳세어라 금순아〉가 울려 퍼진다. 육중한 상판이 부드러운 입술처럼 열리는 순간을 놓칠세라 모두들 폰이나 카메라를 들어 올리며 술렁인다.

"아! 움직인다. 올라온다!" 서서히 서서히, 푸른 하늘 아래 육중한 철 구조물의 쩍 벌린 입은 그대로 설치 미술이다. 검푸른 바다는 강물처럼 길게 출렁이며 길을 열었는데, 지나가는 배들의 돛대는 보이지 않는다. 그때 마스트를 잠망경마냥 쬐금 내밀면서 작은 배 한 척이 지나간다. 반가워서 모두들 와! 소리를 지른다. 옛날의 낡은 다리가 아니라도 다시 들어 올려지는 멋지고 든든한 새 다리를 보니 반갑기 그지없다.

나는 십여 년이나 이 다리를 밟고 다녔다. 초등학교 4학년 때부터 대학을 졸업할 때까지. 한겨울, 건너편 천마산이 아직 새벽잠에 취해 있을 때 자박자박 다리를 건널 때가 있었다. 다리에서 내려다본 바닷물에서 온천수인 양 무럭무럭 김이 오른다.

그 뽀얀 해무 속을 뚫고 도선渡船이 지나간다. 사람뿐 아니라 철 따라 갖가지 생선들과 푸성귀를 가득히 싣고 다녔다. 삘기(띠풀의 어린 꽃이삭)나 잘피(해초)도 실려 와 남항시장 난장에 깔린다. 삘기 한 움큼을 가지게 되는 날은 등굣길이 멀지 않았다. 대부분 사람들은 전차를 이용하지 않고 짐을 머리에 이거나 지게에 지고, 혹은 소달구지에 싣고 걸어 다녔다. 걷는 사람이 차보다 더 많았던 시절이었다. 어둑어둑해지는 늦은 시간이면, 품팔이로 힘든 하루를 보낸 이들, 이산의 아픔을 안은 이들이 난간에 기대어 망향가望鄕歌를 구슬피 부르기도 했다.

화창한 날엔 다리를 건너는 시간이 길어진다. 난간에 멈추어 서서 물고기의 군무를 구경하기 때문이다. 물고기 떼가 햇빛에 등껍질을 반짝이며 수면 위로 톡톡 뛰어오르거나 둥그렇게 뭉치는 듯하다가 쫙 펼쳐나가기도 했다. 꽁치 떼나 멸치 떼같이 작은 물고기들이 무리 지어 지날 때면, 잠시 시간이 정지된 듯 난간 위에서 사람들은 넋 빠진 듯 내려다보았다. 지푸라기가 둥둥 떠 있는 자갈치 쪽 앞바다에는 발가벗은 남자애들이 물고기 흉내를 내며 자맥질을 하고 있었다.

내가 처음 영도다리를 본 것은 초등학교 2학년, 한국전쟁이

나던 해였다. 다리 아래 검푸르게 출렁이는 바다가 무서웠다. 그러나 더 무서운 것은 군에 간 오빠의 무소식이었다. 외아들이며 맏이인 오빠가 소식이 없자, 아버지는 생업조차 그만두시고 아들을 찾아 헤매셨다.

그러던 어느 아침, 아버지를 따라 자갈치 바닷가에 갔다. 생선을 파는 곳인데 어쩐 일인지 생선은 보이지 않고 사람들만 들끓었다. 새끼줄이 둘러쳐진 곳엔 가마니가 깔려 있고, 그 위에 부상당한 군인들이 촘촘히 누워 있었다. 의사와 간호사도 드문드문 보였는데, 부상병들은 꺼져가는 목소리로 "물, 물." 마실 물을 애원하고 있었다. 전쟁 초기에 입대한 군인들은 거의가 부상당하거나 사망했던 때였다. 새끼줄 밖에 둘러선 사람들이 애타게 이름을 부르며 가족을 찾아 헤맸다. 얼핏 본 아버지의 얼굴은 밀랍처럼 창백했다.

"육군 병원(지금의 롯데백화점)에도 한번 가보자. 거기도 부상병이 많이 왔다는데." 말씀은 그렇게 하시고는, 얼굴이 하얘진 나를 찬찬히 보시더니, 그냥 집으로 가자고 하셨다. 아버지가 다리 옆 약재상에서 바싹 말린 개구리 한 묶음을 사셨다. 그날 밤 뭔지도 모르고 마신 뽀얀 국물이 그것이었다. 그날 이후

아버지는 오빠를 찾아다니지 못하셨다. 고열로 앓아누우셨기 때문이다. 이태 후 봄에 살아 돌아온 오빠를 끝내 기다리지 못하시고, 아버지는 겨울 철새의 날갯짓을 따라 머언 나라로 가셨다. 그리고 세월은 참 많이도 흘렀다.

그 시절을 떠올리면 전쟁 명화 한 편이 눈앞에 펼쳐진다. 〈바람과 함께 사라지다〉라는 영화가 대만에선 '표飄'란 제목으로 상영됐다. '표'는 회오리바람, 태풍이란 뜻이다. 전쟁은 부모 형제와 고향, 아름다운 청년기를 통째 사라지게 했다. 내게서도 전쟁은 유년의 달콤함을 훔쳐갔다. 그러나 그 시절 사람들은 엄청난 시련 속에서도 희망을 잃지 않고, 바람 속의 '풀'보다 더 빨리 일어나려 인내하고 노력했다. 부산은 마지막 피난지였고, 남포동, 자갈치, 용두산공원, 영도다리 등은 피난민들이나 전쟁으로 상처받은 사람들의 한恨과 애환이 소용돌이치던 곳이었다. 지금은 마천루가 하늘을 네모로 만들어 놓는 여기가. 다시는 이 땅에, 이같이 아픈 추억을 되새김하는 일이 없어야 한다고 간절히 두 손 모은다.

자갈치시장엔 '오페라 하우스' 같은 멋진 건물이 풍경을 만들고, 갈매기들도 즐거운 듯 높이 뜬 다리 위를 날고, 조근대며 사진 찍는 젊은이들의 대화가 잘 익은 석류처럼 싱그럽다. 드디어 푸른 하늘에 붉은 용설龍舌 같은 상판이 스르르 입을 다물기 시작한다.

드높이 솟구쳤다가 내려앉은 다리의 상판은 다소곳이 얌전해졌다. 닫혀진 입, 쇠로 된 대형 지퍼로 잠가진 선 하나뿐이다. 다리가 수평을 되찾자 시간도 제자리를 찾아왔다. 나도 번쩍 정신이 돌아왔다. 열심히 사진을 찍던 젊은이들과 〈돌아와요. 부산항〉 가락에 맞춰 어깨를 들썩이던 사람들도 다 빠져나갔다. 막혀있던 차량들이 소낙비 소리를 내며 부산하게 달린다. 천천히 아주 천천히 다리를 건넌다. 갯내음을 안은 봄바람이 따라온다.

푸조나무 입춘방立春榜

입춘이 코앞인데 웬 눈일까? 하얀 눈송이가 꽃잎처럼 흩날린다. 은은한 방향芳香이 눈송이들과 함께 안개처럼 번진다. 펑펑 쏟아지는 눈발이 아니고 뺨을 살살 간질이듯 내리는 것을 보니 봄눈이구나. 건너편 죽녹원의 쭉쭉 뻗은 왕대들이 늠름하고 상서롭다. 하늘 높이 손바닥을 펼쳐 든 푸른 댓잎들이 눈을 한 움큼씩 모았다가 죽림을 스치는 바람에게 내어 준다. 눈송이들이 춤을 추며 우리들의 어깨며 머리 위에 모여 앉았다가 장난치듯 날아오른다. 나는 죽향 묻은 상큼한 눈송이를 흠뻑

들이마신다.

전주 관광호텔에서 문학행사가 있어 참가하고 부산으로 돌아가는 길에 담양에 들렀다. 도착할 즈음 창밖엔 눈이 내리고 있었다. 전세 버스가 죽녹원 앞에서 일행을 내려놓고 휴식 시간을 주었다. 일행들은 "야, 눈이다." 소리치면서 대충 세 방향으로 흩어졌다. 마침 담양 장날이라 장터로 가는 사람들, 죽녹원으로 가는 사람들, 관방제림 둑길로 가는 사람들 모두 신이 났다. 죽녹원은 연전에 와 보았기에 나는 관방제림 쪽을 택했다. 길 건너 죽녹원 언덕을 돌아보다가 둑길로 접어든 젊은이들의 걸음이 빨라 나는 종종걸음을 치며 뒤를 따랐다. 눈이 제법 세게 날린다.

제방 둑길로 들어섰다. 한 폭의 수묵화처럼 무채색의 풍경이 시야 가득 들어왔다. 뿌연 하늘, 흰 모래를 깔아놓은 듯한 하얀 둑길, 얼음과 눈으로 덮인 냇가, 백로들, 온통 새하얀 시야 속에서 유난히 검고 우람한 푸조나무들이 둑길 오른편에 관병식觀兵式하듯 늘어섰다. 시냇물에 발을 담근 백로들을 보니, 목월의 시 한 구절이 떠올랐다.

… 봄눈 녹아 흐르는/ 옥 같은/ 물에// 사슴은/ 암사슴/ 발을 씻는다.

— 박목월 〈산도화〉

얼음 사이로 흐르는 물소리에 사위가 한층 고즈넉하다.

엊저녁 전주의 한 마을에서 치른 잔치에서 본행사가 끝나고 여흥이 시작될 즈음, 나는 일찌감치 숙소로 들어와 누웠다. 낯선 곳이라 쉬이 잠이 오지 않았다. 자정쯤 창문의 커튼을 조금 젖혔더니, 선달 보름 하얀 달빛이 마을 구석구석을 비춰주고 있었다. 모두들 고단한 하루를 풀어놓고 편히 쉬라며 지켜주는 듯했다.

선달, 내 생일이 들어있는 달이 아닌가. 문득 어머님의 얼굴이 달 속에서 미소를 짓는다.

"그때 선달은 눈도 억수로 오고, 엉캉 칩었데이. 니를 낳고 미역국도 온전키 몬 묵었다카이. 설도 쇠어야 허고, 걱정이 태산 같았는데…, 또 봄은 어찌 그리 더디 오던고…."

어머님 생전에 안 하시던 말씀을 이 밤, 내 마음에다 하시는 것 같다. 보름달 속 어머니랑 한참을 마주했다. 봄 꿈을 꾸는 듯 목이 메었다.

봄은 꿈꾸게 한다. 나는 아직도 꿈꾸고 있는지 모를 일이다. 고희를 넘긴 지점에서 젊은이들 속에 끼여 '수필 등단'이란 선물을 받으니, 민망하고 어색해서 평상심을 유지하기 어려웠다. 버스 안에서 소감을 말하라고 해서 마중물 이야기를 했다. 마중물을 부어 주었으니, 앞으로 글 쓰는 일을 잘해 보겠다고 했다. 농담이 아니어야 하는데…. 완연한 봄도 아니건만 봄눈이라고 자꾸 우기는 것은 봄을 몹시 기다려서일 것이다. 지난겨울은 얼마나 혹독하게 추웠는가. 원래 삶이 팍팍할수록 봄을 애타게 기다리는 법이지.

아무려나, 지금 나는 담양 관방제림 둑길을 걷고 있다. 둑 입구에 '官防堤林'이라 쓴 둥글고 큼직한 표지석이 앉아 있다. 조선 인조(1648년) 때, 부사 성이성이 담양천의 범람을 막으려고 수축한 제방이라고 한다. 푸조나무 백열여 그루를 비롯해서 팽나무 벚나무 등을 방제림으로 심었단다. 제방 둑길과 벌거벗고 선 푸조나무는 300년이 넘은 오랜 세월, 여기 이 땅의 민초들과 친구하면서 고락을 함께했구나. 가늠할 수 없는 훗날까지 시냇물(담양천 상류)과 둑길은 나란히 흘러가면서, 저 너른 들판의

젖줄이 되겠지. 흰 눈을 입은 흙길을 밟으니 아련하고 정겨운 고향 냄새가 물씬 난다.

둑길 옆 경사진 둔덕에서 연둣빛 풀 내음을 맡았다. 틀림없는 봄의 기미다. 평짓길인데도 살짝 미끄러졌다. 덮고 있던 눈 이불이 벗겨지니 마른 풀더미 속에서 어린 새싹이 땅껍질에 꼭 매달려 있었다. 진즉 봄이 오고 있었나 보다. 이제 곧 냇가에 제멋대로 서 있는 갯버들에선, 버들강아지가 솜털을 입은 채 하얗게 부풀어 오르겠다. 그러면 기다렸다는 듯 봄꽃들이 봉오리를 틔우고, 나뭇가지엔 새순이 다투어 뾰족뾰족 솟겠지. 겨우내 닫혀 있던 우리들 마음도 개화하듯 활짝 열릴 것이다.

검은 나뭇가지에 매달린 눈송이들이 마치 푸조나무 등걸에 매화꽃이 핀 것 같다. 어찌 보니 우락부락한 푸조나무가 알몸으로 죽 늘어서서 이 세상엔 없는 큰 붓으로 입춘방立春榜을 써놓은 듯도 하다. 立春大吉, 建陽多慶, 祥瑞…, 氣…. 그렇게 생각해서인지 어디선가 묵향墨香이 번지고, 나뭇등걸에서 물 길어 올리는 소리가 들리는 듯하다. 푸조나무 입춘방으로 하여 이 고장엔 벌써부터 봄기운이 가득 찼나 보다. 봄이 오니 크게 길하고 경사스런 일이 많이 생기라고. 이곳을 여행하는 우리들에게도 상

서로운 기氣가 절로 묻어오겠다.

처음 보는 듯 이것저것 살피며 바장이다 보니 일행과 떨어져 버렸다. 바바리 깃을 세우고 목도리를 날리며 왕대처럼 꼿꼿이 걷고 있는 젊은이들이, 또 한 폭의 그림을 그려놓는다. 발자국을 찍으며 눈꽃인지 봄눈인지를 온몸으로 맞으면서 걷는다. 설국에서나 볼 수 있는 신선한 풍경이다. 저리 끝없이 걷다간 아무래도 봄이 오고 있는 '넓은 벌 동쪽 끝'까지 가겠네.

한 이틀 행복한 일탈逸脫이었다. 꽃잎이 지듯 봄눈이 내리는데.

민들레 필 때

– "죽으믄 직인다"

앞문을 열고 들어서니 후다닥, 뒷문으로 빠져나가는 그림자가 둘 있었다. 그 녀석들임이 틀림없다. 녀석들이 뛰어나간 복도와 창 아래 화단을 살폈다. 그림자도 없다. 연둣빛 새잎들이 나뭇가지에서 팔랑이고, 풀밭엔 민들레가 드문드문 꽂혀 있다. 아이들이 모두 빠져나간 교정에는 새소리가 맑게 번졌다.

도심 변두리 S초등학교에 근무하던 어느 해였다. 학년 초 3학년을 맡고 보니 근처 고아원에서 다니는 아동이 둘 있었다. 관심 갖고 보살펴야겠다는 생각이 들었다. 한데 이 녀석들이 학년

초부터 자질구레한 말썽을 자주 만들었다. 숙제를 하지 않거나, 급우들의 소소한 소지품들이 없어진다거나, 같은 고아원에서 함께 사는 친구끼리만 얘기하고 교실에 오면 아예 벙어리가 되어 버렸다.

방과 후 빈 교실엔 왜 들어 왔을까? 점심때 나눠 주고 남은 옥수수빵 두 개를 내 책상 위에 두고 직원회의에 다녀온 것이 화근인 것 같다. 몇 번 없어진 일이 있었지만, 확실히 본 것은 이번이 처음이다. 우리 반을 위하여, 저네들을 위하여 녀석들과 친해져야겠다고 생각했으나 묘안이 없어 난감했다.

다음날 방과 후 녀석들을 남겼다. 약간의 물질 공세를 폈다. 남은 옥수수빵에 양말 한 켤레, 20원짜리 공책 두 권씩을 주었다. 그리고 가끔씩 만났다. 방과 후 일 대 일 미팅은 생각보다 빨리 효과가 났다.

변화는 내 속에서도 왔다. 제대로 세수를 하지 않아 꾀죄죄한 얼굴, 짝짝이 신발을 질질 끄는 이 녀석들의 눈망울이 어찌 이리 해맑은가. 외면과 두려움이 들어있던 애들의 표정 속에 차츰 편안함이 깃들어 갔다. "새 신발 줬는데, 학교 올 때 찾아보니 짝재기만 남았데예." 키가 작아 일학년 같아 보이는 D가 조금 빨리 말문을 열었다. 그리고 가족과 고향에 대한 기억을 많이 가지고 있었다.

'고향집 건너편 물가에는 큰 나무가 두 그루 있었고 작은 다리도 있었다. 다리 옆 가게까지 아버지 술 심부름도 했고 식구도 여럿 있었다. 어느 날, 아버지를 따라간 장터에서 하얀 연기를 뿜는 소독차를 따라다니다가 그만 아버지를 잃어버렸다. 그날 아침 엄마는 보이지 않았고 술 취한 아버지가 신발을 사준다며 데리고 갔다. "니 몸 니가 조심해서 살아라! 죽지 말고!" 아버지가 큰 소리로 말했다. 고향 학교에서 일학년 선생님은 '김도영' 하고 불렀는데 지금 선생님은 '도영아'라고 부른다. 여기 처음 왔을 때, 원장 아버지가 이름이 무어냐고 묻기에 "도영아입니다" 하고 대답했다.'

며칠에 걸쳐 D가 들려준 이야기였다. D는 내가 준 공책에 중요한 것을 기록하기로 했다. '내 이름은 김도영이다. 아버지가 김도영을 찾고 있다.' 이렇게 쓰는 동안 무언가를 간절히 갈망하는 듯한 물기 어린 D의 눈을 보았다. "씩씩하게 잘 크면 만날 수 있어." 나는 우정 밝은 표정을 지으면서 위로할 수밖에 없었다.

히말라야시다에 내려앉은 오후의 햇볕이, 돌 틈새를 비집고 올라온 민들레에게도 조각 볕을 내려준다. 하얗게 익은 홀씨가 흙먼지와 함께 어디론가 날아가고 있었다.

C는 D보다 키가 좀 크고 힘도 세고 소견도 훤한데 더 벙어리 행세를 했다. C의 말문 열기가 어려울 것이라 누군가 일러 주었는데 그럴 것 같다. 나무 그늘에서 C에게 숙제 못한 이유를 물었다. 한동안 잠자코 있더니, D와 같이 숙제를 했다고 우긴다. 1킬로미터가 넘는 긴 터널을 지나면 시계점이 있는데, 거기 유리창에 붙어 서서 시계 공부를 했단다. 녀석이 또록또록 대답하는 것이 내심 반가웠다.

그와 이야기를 나누면서 두 가지 사실에 놀랐다. D가 의외로 말을 잘한다는 것과 매연이 심한 터널을 걸어서 지나다닌다는 사실이었다. 터널 속에서는 크게 말하든지 발소리가 나게 뛰어가면, 그 소리가 점점 커져서 호랑이 울음처럼 따라온다고 털어놓았다. C는 차츰 어두운 침묵을 깨어가고 있었는데, 어느 날 C의 말문을 고장 난 지퍼처럼 허벌죽 열리게 한 사건이 있었다.

체육시간에 피구를 했는데, C가 한쪽 팀의 주장을 맡아 상대팀에 '3 대 0'으로 이긴 일이다. 이후 녀석은 체육시간을 좋아하고 급우들과도 조금씩 어울리게 되었다. 이 무렵 방과 후에 부

진한 학습 지도를 하면서 C에게 들은 얘기는 이랬다.

'C는 예닐곱 살쯤에 장터거리에서 아버지를 잃었다. 아버지를 본 마지막 날 아침에 아버지는 엄마랑 많이 싸웠고, 술을 많이 마셔 걸음도 제대로 못 걸었다. 알사탕을 하나 주면서, "이 불쌍한 것아, 여기 가만히 서 있어라."라고 했다. 가다가 돌아선 아버지가 발을 구르며 당부했다.

"군대 갈 때까지 니, 죽지 마라. 죽으믄 쥑인다이. 알았제!"

사탕을 빨면서 장터 구석에 꼼짝 안 하고 서 있었다. 파장을 하고 어둑살이 져도 아버지는 오지 않았다. 참다 참다 잠시 오줌 누러 갔을 때, 그때 왔을까? 아버지가 나를 많이 찾았을 낀데….'

목이 메어 마른 침을 삼키는 C를 보며 가시가 든 듯 내 목도 쓰렸다. 나도 실수로 자갈치시장 바닥에서 잠시 아버지를 잃은 일이 있었다. 그 막막하고 기막혔던 심정을 어찌 말로 할 수 있겠는가. C는 공책에다 이렇게 썼다. "아버지 말씀을 기억한다. 군대 갔다 오면 가족을 찾는다. 꼭 찾는다!"

40여 년 전 이야기다. 1970년대는 아직도 전후 재건으로 땀 흘릴 때다. 그 와중에 가난 때문에 어쩔 수 없는 생이별도 더러 있었다. 어린 두 아이는 너무 일찍 만만치 않은 삶에 부대꼈었다. 두 사람 모두 잘 참고 이겨냈다면 지금쯤 쉰 살 전후가 되었으리라. 가족을 만나고 또 새 가족을 만들어 자녀들 키우며, 그간의 그리움을 풀어내고 있겠지. 포공구덕蒲公九德, 민들레를 닮은 자네들은 아홉 가지 덕을 갖추어 멋진 삶을 꾸려가고 있으리라.

무심코 걷노라니, 길가 보도블록 틈새에서 민들레가 어렵사리 꽃대를 올려 금화 같은 꽃을 달고 있다. 그 해, 금방 마음을 열어 준 대견했던 자네들이 그리워지는 계절이다.

울보들의 합창

숲으로 둘러싸인 숙소의 마당에는 별빛이 쏟아진다. 아래쪽 냇가에서 불어오는 바람이 무성한 잎사귀들을 흔들며 낮의 열기를 흩어주고, 모두가 한자리에 모인 즐거움에 흔들리는 나뭇가지들처럼 우리도 우쭐우쭐 들뜨게 한다.

가족이 모두 모여 2박 3일간 속리산 휴양림에 피서를 갔다. 낮엔 냇물에서 물장구를 치고 저녁에는 마당에 차려진 야외용 식탁에서 고기를 굽고 곡주를 돌리며 향연이 벌어졌다. 화제는 오늘 참석 못 한, 지난달 논산 훈련소에 입소한 외손자 이야기로 시작되었다. 땀으로 젖어 있었지만 초롱초롱한 눈빛의 그 녀석이 곁에 있는 듯하다.

입대하던 날, 장마로 참았던 폭염이 왈칵 쏟아져 입대식장은 가마솥 열기로 가득했다. 언제 저리 늠름하게 컸는지 대견해 하며 기념사진을 오달지게 찍었다.

"육군 훈련소 입영을 환영합니다."

대형 현수막 앞에서 녀석은 한껏 입을 끌어올려 사진을 찍었지만, 막상 훈련장의 땡볕 속으로 뛰어갈 때는 "엄마 다녀올게." 하며 땀을 훔치며 안경을 벗고 눈까지 닦아냈다. 울컥, 한 것 같다. 눈물, 한 방울의 눈물이 느껴진다. 겁 없이 자원입대를 했지만 염천 더위 속 훈련이 걱정되었던가, 이제부터 나라와 부모 형제의 '단잠'을 위하여, '할 일이 많음'을 피부로 느껴서인가, 내 인생을 내가 책임져야 함을 직시해서일까. 땀방울인지 눈물인지가 왜 매달렸을까. 내 기우가 길어지니, 할아버지가 불쑥 나선다.

"요새 군대야 우리 때에 비하면 호텔생활이지. 걱정할 것 없다. 젊을 때 어려움을 겪어봐야 사람 된다. 나도 8월 1일에 군번 받았다."

약주 힘을 빌려 반세기가 넘은 자신의 군대 이야기 한 도막을 꺼낸다.

'그때도 날씨가, 덥다가 아니고 그냥 햇볕을 찰찰 쏟아부었지. 요즘처럼 혹서기 훈련 그런 것도 없었고, 훈련 마치고 오면 씻을 물도 부족해서 물 한 바가지 훅 끼얹고 나면 "동작 그만!" 했지. 갈아입을 옷도 변변찮고, 참 그땐 힘들었었다. 우리 앞 세대는 더 말할 것도 없고, 전쟁을 바로 겪었으니…. 추석 전 날 해거름에 훈련 마치고 부대로 돌아오고 있는데, 시골길에는 타향에 돈 벌러 나갔던 처녀들이 올망졸망 선물 보따리를 들고 마을 길로 들어서고, 산비탈 마을엔 밥 짓는 연기가 솔솔 올라오는데 전 굽는 냄새가 길에까지 날아오지, 배는 고프고 땀은 흐르고…, 나도 모르게 눈물이 땀 속에 섞이더라.'

할아버지의 옛이야기가 길어지니, 사십대 아들이 이야기 속으로 끼어든다.

'잘못 인솔한 교관이 사과는 했었지만, 그날 밤새 산을 타고 걸어서 동틀 무렵 도착한 곳이, 목적지의 정반대 편 산등성이었고, 발목은 삐어 퉁퉁 부어오르고, 게다가 안경알까지 빠져 옷의 실밥을 뽑아내 겨우 안경다리를 고정시키고…. 아무리 맘을

다잡아도 눈물이 턱을 적셨어요. 화생방 훈련 때도 그랬고.'

아이들과 여자들은 잠자리에 들었는데, 남자들은 군대 이야기로 꽃을 피운다. 이번엔 특전사 출신 사위가 바통을 받는다.

'화생방은 너나없이 다 울지만, 처음 낙하산 훈련할 때 혹시 너무 낡은 것이나 고장 난 것이 보급돼서 펴지지 않을까 봐 얼마나 떨리고 무서웠는지. 혹독한 훈련에 땀이 비 오듯 하는데, 나도 모르게 눈물을 줄줄 흘리고 있더라고요. 남자들 사람 만드는 데는 군대가 최곱니다. 신체도 정신도 훌쩍 성장해 옵니다.'

울보들, 웬 울보들이 이리 많은가! 울 수 있는 상황이면 울어! 눈물을 흘리든지 엉엉 소리 내 울든지. 나도 젊은 날 너무 속이 꽉 막힐 때 소리 내서 울어봤어. 그러면 속이 좀 뚫린 듯하고 치유가 된 것 같았어.

짧은 여름밤은 자정을 넘어가고 숯불도 사위어 가는데, 방충망 밖의 이야기는 굽이를 돌아 요즘 세태의 예민한 문제로 흐른다.

이야기를 듣고 있으려니 갓 입대한 손자가 더욱 눈에 어른거리고, 젊은이들에게만 무거운 짐을 전가한 듯해 낙엽줄의 마음이 무겁다.

아까운 시간이지만, 그 녀석이 '나라 지키러 간' 이 시간들만은 빨리 흘러가 주었으면 하는 염치없는 망상에 빠진다. 기상관측상 최고 기록의 폭염이라는데…. 힘내야지, 폭염에 시달리는 이가 너뿐이겠나. 어쨌든 이겨내어 훈련 마치면 남은 군 생활은 문제없이 잘하고 돌아올 거야. 그땐 너도 '울보'가 된 이야기를 늘어놓겠지. 그러면 나는 큰 소리로 칭찬해줘야지. '멋진 울보야!' 하고.

자는 줄 알았던 에미가 휴대폰으로 톡을 보내고 있다. 논산훈련소 수신으로. "… 가족들이 널 위해 기도한단다. 대한의 사나이답게 씩씩하거라…." 하, 좋은 세상이다. 훈련병에게 메시지라도 날릴 수 있으니. 방금 쓴 편지 내용을 작곡했는지 마당의 '울보'들이 군가를 합창한다. 오늘 밤 연회의 마지막 신호인가 보다.

"사나이로 태어나서… 너와 나 나라 지키는 영광에 살았다. … 부모 형제 나를 믿고 단잠을 이룬다. 헤이 헤이!"

20원짜리 공책

괴정 산동네 오르막 중간쯤, 남향 땅에 처음으로 우리 집을 지었다. 집 앞엔 몇 그루 소나무가 그림 같고, 봄이면 작은 도랑 건너 언덕의 과수원에는 이화梨花가 하얗게 피었다. 과수원 위쪽으로 산동네가 펼쳐져 있었는데, 대부분 살림이 넉넉잖은 사람들이 살고 있었다. 나는 새로 지은 집에서 스물일곱 해를 살았고, 인근에 있는 초등학교에서 교편생활을 하고 있었다.

그리고 이십여 년이 금방인 듯 흐른 어느 해 오월, 마당을 손질하고 있는데 샛문이 열리더니 키가 훤칠한 청년이 커다란 꽃

광주리를 평상에 놓고는 말없이 묵례만 하고 가버린다. 얼결에 말 붙일 틈도 잡지 못한 채 보내버렸다.

카네이션, 장미, 갓가지 꽃을 모두 모은 듯한 광주리 속에 향수 한 병과 하늘색 봉투가 얌전히 놓여 있었다.

"… 저 위 산동네에 사는 …, 선생님 그동안 많이 변하셨습니다. 향수도 바르시고, 예쁘게…. 제가 초등학교 2학년 때 어느 날 아침, 엄마가 공책을 사주지 않아서 교문 앞에서 울고 있었는데, 옆 반 담임이셨던 선생님께서 내 이야기를 듣고는 손을 잡고 선생님 교실로 데려가서 공책을 주셨어요. 그것도 20원짜리 동아공책을요…. 이담에 돈 벌면 꼭 선생님을 찾아뵙고…, 내년에도…."

달필은 아니지만 정성이 담긴 편지였다.

생각지도 않은 감동을 받고 멍하니 고개를 드니, 감나무 잎새들은 녹색 그늘을 드리우고, 잎 겨드랑이마다 연노랑 감꽃이 막 피어나고 있었다. 가슴이 따뜻해져 왔다.

이듬해 5월, 스승의 날을 기다렸다. 이번에 만나면 평상에 앉아 차 한잔을 꼭 하려 했는데 오지 않았다. 서운했다. 그해는 시절이 빠른지 벌써 감꽃이 피고 떨어지기도 했다. 며칠이 지난

해거름에 마당을 쓸고 있는데, 땀내를 풍기면서 낯선 청년이 찾아와 대문 앞에서 꽃 광주리를 건넨다. 잠시 차 한잔하자니까 자기는 심부름만 왔다면서 그냥 가버린다. 멀어져 가는 뒷모습을 한참 바라보았다.

하얀 분홍 꽃 광주리 속에 또, 한 통의 편지와 향수가 들어 있었다. 카네이션 한 송이면 되는데, 비싼 향수까지 쯧쯧…. 그냥 보낸 것을 서운해하면서 감나무 밑 평상에 앉아 편지를 읽었다. "… 지금 큰돈은 벌지 못하지만, 회사에 다닙니다. 윗동네에 살기 때문에 저는 선생님을 자주 뵙습니다. 선생님 늙지 마시고… 내년에는 꼭 인사드리겠습니다." 연애편지를 읽는 듯 가슴이 벅차올랐다. 늙지 마시라고? 항상 일이 많은 우리 집을 물끄러미 바라보았다.

이 집을 짓던, 꿈 많던 삼십대, 힘겹던 사십대, 그리고 오십대를 거치며 딸 둘을 출가시키고, 그러면서 나도 참 많이 늙었다. 자갈밭을 파서 처음 심을 때 손가락만 했던 감나무가 저렇듯 굵어지고 튼실해졌으니 사람인들 늙지 않으랴.

마당 가운데 듬직하니 감나무가 서서 그늘을 드리워주고, 계절마다 풍성한 그림을 그린다. 연둣빛 새잎이 돋을 때, 연노란 감꽃이 피고 질 때, 빨간 단풍잎이 툭툭 떨어질 때, 주홍색 감들이 조롱조롱 매달려 있을 때, 벗은 나무 빈 가지에 까치밥 몇 알이 푸른 하늘에 떨고 있을 때, 언제나 묵묵히 제 일을 다하는 감나무의 풍경은 아름답다. 생각해보니 그 젊은이가 듬직하게 잘 자란 우리 집 감나무 같기도 하다. 코흘리개 초등학생에게 월사금이나 공책 한 권도 제대로 마련해주기 어려웠던 산동네에서 자랐지만, 지금 저렇듯 어엿한 청년으로 성장하여 반듯한 인성을 갖춘 사회인이 되어 있지 않은가. 담임도 아닌 내게 향수를 선물했다고 치켜세우는 게 아니다. 어려웠던 시절, 작은 고마움을 잊지 않고 있는 그의 심성이 그렇다는 것이다.

다음 해 감잎이 피기 전에, 큰 도로가 나면서 주택이 헐려 다른 동네로 이사했다. 선생님이 늙어가는 것을 애태우던 젊은이의 아름다운 편지를 책들과 함께 꽁꽁 챙겨 가지고 갔다.

지금 사는 아파트 단지에도 곳곳에 감나무가 많다. 오래도록 기억의 갈피에 묻어 둬서 그런지 감꽃이 피고 감또개가 떨어지면 그 풋풋한 젊은이가 문득 마음속에 스친다. 사리분별이 바르고 올곧은 젊은이를 만난다는 것은 어떤 풍경보다 아름답기 때문이다.

달, 우리 동네 비추지

하늘의 달이 여럿이라면 믿지 않겠지요. 목성도 토성도 아니면서, 지구별에서 웬 달이 여러 개냐고. 그런데 모양, 뜨는 시각, 함께하는 장소, 그리고 보는 이의 심상心像에 따라서 달이 여럿이라면 말이 될까요.

달-무지 무섭던 달

아주 오래전 여름(1970년대 말), 그런 달을 본 적이 있다. 우리 애들이 올망졸망 어릴 때, 사람이 콩나물보다 더 빼곡히 탄 시외버스를 타고 진하라는 곳에 일박의 피서를 갔다. 그 시절 진하는 한적하고 작은 갯마을이었다. 따끈한 모래와 시원한 바닷물은 오랜만에 아이들이랑 함께 나를 어린 시절로 돌아가게 했다. 저녁을 먹은 후 민박집은 모두들 일찌감치 잠자리에 들었다. 우리가 머문 방에선 창호지문만 밀면 바다가 훤히 시야에 들어왔다. 주인댁도 우리 아이들도 모두 잠이 든 듯 고요한데, 창호지문을 통해 들어오는 빛, 가로등도 없는 바깥이 너무나 환하다. 그냥 가만히 방에만 있을 수가 없었다. 달빛이 쏟아지는 바닷가로 나갔다.

"정지! 꼼짝 마!"

"정지! 손들엇!"

오른쪽 언덕에서, 왼쪽 둔덕에서 서치라이트(탐조등)가 쏟아져 내려와, 하얀 속치마만 걸친 조그만 여자의 몸뚱어리를 불빛 속에 가둬버렸다. 두 손을 부챗살처럼 펴서 어깨 위로 올렸다. 뒤에서 뚜벅뚜벅 군화 소리가 다가왔다. 총을 들고 있을 것을 생각하니 소름이 돋고 진땀이 흘렀다.

"요 앞 길가 할매집에 피서 온 사람인데요. 달이 너무 밝아서 구경할라꼬예…."

울상이 되어 모깃소리로 사정을 했다. 무엇이라 또 지시를 했지만 잘 들리지 않았다. 짐작건대, 이 늦은 시간에 출입금지 구역에 나다니면 되느냐, 통금시간이 넘은 줄도 모르느냐, 엊그제 동해 쪽에 공비가 출몰한 것도 모르느냐 등인 것 같았다. "조심하겠습니다. 고맙습니다."를 되풀이하면서 "저, 저 불빛 좀 꺼 주면 안됩니까? 인자 손 내려도 되겠습니까?" 그 황당한 상황에서도 슈미즈 위로 두드러진 젖가슴이 부끄러웠다. 겨우 살아나서 모래밭에 푹푹 빠지는 슬리퍼를 끌며 간신히 돌아왔다. 힐끗 돌아본 바다와 모래사장에는 달빛만 부서져 내리고 있었다. 홀로 뎅그렇게 뜬 달도 놀란 듯 하얗게 질려 있었다. 항시 전쟁 상태인 현실을 잊으면 되느냐며 몹시 꾸짖는 듯도 했다. 그때의 그 달은 정말 서럽고 무서웠다.

달－외로운 달

〈외로움이 사는 곳〉(최민자)이란 글을 읽다가, 어떤 보름달이 눈앞에 떴다. 만년설을 이고 지구의 코처럼 뾰족이 서 있던 쿡산(Mountain Cook·뉴질랜드) 위의 얼음 조각 같은 달. 그 달 속엔 외로움, 절대고독이 존재하고 있을 것 같았다.

대망의 21세기가 열린다고 들썩이던 해 겨울, 여름옷을 챙겨 지구 반대편 호주, 뉴질랜드 남섬 북섬을 여행한 일이 있었다. 쿡산 아래, 산동네 통나무집에서 하룻밤을 묵었다. 여름인데도 고도가 높아서 우리의 가을 날씨 같았다. 마당 가 화단엔 에델바이스가 자라고 있었다. 산장에 올라오면서 본 만년설이 녹아 흐르면서, 바위를 깎은 침전물이 만들었다는 에메랄드 호수 빛이 이곳의 하늘색과 너무 잘 어울렸다. 산등성이를 한 줄로 서서 지나가던 순한 양 떼들, 드넓은 초원을 스쳐온 상큼한 바람, 유칼립투스 잎을 뜯던 앙증스런 코알라, 낙원의 한 조각이 남태평양에 떠 있는 듯해 부러움이 포실포실 피어올랐다.

저녁 후 일행들과 약주를 하고 들어온 남자가, 오렌지가 어떻고 옥수수가 어떻고 하며, 코맹맹이 소릴 하다 코를 곤다. 여태 보지 못한 민낯이었다. 남편이 들어오면, 낮의 풍경들을 되새겨 이야기하면서 여행의 기분을 내려고 비장의 캔맥주도 꺼내놨는데…. 두꺼운 커튼을 걷고 눈 쌓인 마당 구석으로 맥주며 옥수수를 던져버렸다.

멀리, 하얀 쿡산 위에 댕그라니 보름달이 걸려있다. 어느 고독한 예술가가 조각했는가?

기대하고 신뢰했던 관계에서 믿음의 끈이 툭, 위태로워졌을 때 받은 충격은 내게 고독한 달을 만나게 했다. "… 무릇 인간관계 치고 상처를 주지 않는 관계는 없다. 다만 크든 작든 그 정도의 차이가 있을 뿐이다…."라는 ≪나무들 비탈에 서다≫ 속 황순원 선생의 말처럼, 서로 상처를 주고받고 부대끼면서 살아가는 것이 우리네의 삶이라고. 그래, 나도 크든 작든 남에게 얼마나 많이 상처를 주었겠나. 사거이심수공事去而心隨空이라 했다. 일이 떠났으니 마음도 비우기로 하자. 차고 맑은 달은 그새 널뛰기를 한 듯 하늘 높이 떠올라 있다.

낼 아침 만년설을 타고 햇살이 달려오면 얇은 눈을 털어내고, 파릇한 풀들이 일어서듯 나도 가슴을 활짝 열고, 한껏 높은 소리로 일행들과 새처럼 떠들어 댈 것이다. 그러나 마운틴 쿡의 무섭도록 고독한 달은 나의 심저心底에서 좀처럼 떠나지 않을 것 같았다.

십수 년이나 지난 지금, 다시 그곳에 간다면 '외로움'이나 '고독'이란 말 대신 '연민'이란 말을 쓸 것 같다. 천년만년 만년설 모자를 쓰고 있는 쿡산이나 얼음산 위의 보름달이나 모두 얼마나 외롭고 추울까. 연민의 정으로 눈시울이 따가울 것이니까.

달-다정한 나의

누구나 자기의 달을 하나씩 가슴속에 품고 살 것 같다. 한밤중 베란다에 서니 온 동네에 달빛이 지욱하다. 아파트 동편 모퉁이에 걸려있던 달이 빠져나와 건너편 동산 위에 한 뼘이나 높이 떠 있다. 고금의 많은 한량이 읊던 달이 아니고, 암스트롱이 밟은 달은 더더욱 아니다. 온달이든 반달이든 눈썹달이든 나를 보고 웃어주며, 우리 동네에 뜨는 달이 나의 달이다.

달의 모양과 인생살이가 많이 닮은 것 같다. 환한 보름달처럼 빛나던 때가 있었냐 하면 금세 반쪽이 나기도 하고, 어느 땐 까무룩 빛 한 줄기도 없이 깜깜한 그믐이 되기도 한다. 그러나 달은 다시 뜨고 변함없이 제자리를 지킨다. 세파에 부대끼더라도 고인 채 썩지 않고, 굳건히 제자리를 지키라고 우리를 일깨워준다.

"… 어디 어디 비추나, 우리 동네 비추지…."

늦은 저녁 성당을 다녀오는 내리막길, 동요를 흥얼거리며 걸어갈 때 가로등 불빛에 눈부셔하며, 미소를 띠고 따라오는 저 달 속에는 어머니가, 천사가, 그리고 그립고 아름다운 것이 모두 들어 있다. 달빛은 벚나무 가로수를 어루만지며 우리 동네를 포근히 감싸 안는다.

은팔찌

모자지간 같은 사진이 부산의 어느 일간지에 손바닥 만큼 크게 실렸다. 〈선생님의 크신 사랑, 어린 시절 제겐 빛이었어요.〉 거창한(?) 제목 아래 두 사람은 손을 맞잡은 채 함박웃음을 짓고 있다. 미국에서 온 J와 나의 해후가 기사화된 것이다. 제자를 잘 두어 내가 대단한 스승인 양 신문에 나왔으니 쑥스러웠다.

어느 날, 교육청을 통해 번호를 알았다면서 뜻밖에 낯선 남자의 목소리로 J에게서 전화가 왔고, 곧이어 가족사진과 은팔찌

등을 곁들인 편지가 왔다. J의 편지를 읽어 가는 동안 금방 서른 다섯 해의 세월이 거슬러 흘러, 도토리같이 쪼끄맣던 아이들의 모습과 젊은 새내기 교사이던 내 모습이 눈앞에 어른거렸다. J의 편지엔 그리움이 절절히 묻어 있어, 가슴이 시려왔다. 그의 글엔 문장 하나, 낱말 하나 틀림이 없고 글씨 또한 정갈했다.

"… 선생님께서 들려주셨던 동화와 자장가 세 곡은 지금도 제 아이들에게 들려줍니다. 하굣길에 매일 업어 주셨던 선생님에게는 언제나 엄마 냄새가 났어요. … 제가 살고 있는 이곳에 한 번 다녀가셔…."

편지가 온 이듬해, 혈육도 찾아보고 어릴 때 친구들이 보고 싶다며 어린 아들과 함께 고국 방문을 했다. 우리 집에도 들러, J와 나는 오래도록 이끼가 낀 얘기를 나누었다.

"매일 업어 준 건 아니지. 뙤약볕이 자글자글할 때나 칼바람이 휘몰아칠 때, 어쩌다 한 번씩 업어 주면, 넌 내 등에 기어올라 따개비처럼 붙었지."

"어유, 제가 이 작은 등에 업혔어요? 제가 참 고약한 아이였네요. 허허. 이학년이 되어 아무리 찾아봐도 선생님이 보이지 않았어요. 좀 울었지요."

"그랬구나 쯧쯧. 그때 갑자기 부산으로 전근 갔었단다. 네 작은 가슴에 생채기를 또 남겼구나."

J가 입을 크게 벌리고 웃으니, 꼬마 때의 옛 모습이 숨어있다 나온다. 예나 지금이나 마음 편하게 잘 웃는 것은 똑같구나.

J와는 특별한 사제지간이었다. 초등학교 일학년 청강생(?)을 두고 사제지간이라니, 허풍스럽기는 하다. 1960년대 말경, 소읍에서 초등 교사로 재직할 때였다. 어느 봄날, 신청新晴이었다. 빗방울이 묻은 넓은 벌은 깨끗이 빨아 놓은 융단처럼 파랬다. 햇살이 마음 놓고 풋풋한 보리 위를 튕기며 놀고, 바람은 아직도 싸늘하건만 정오가 지나자 큰길은 제법 온기를 뿜기 시작했다. 하교지도를 마치고 교문을 들어서는데, 네댓 살쯤 된 통통한 사내아이가 교실까지 따라왔다. 코끝에 땀방울을 매단 채. 다음 날은 숫제 아침부터 우리 교실 앞에 서 있었다. 무척 심심한 아이든가 아니면 옥수수빵이 먹고 싶든가 그럴 것이라 생각하며, 귀찮지만 교실 앞자리 맨 구석에 앉혀준 것이 인연이 되었다.

학교 뒷산 양지바른 언덕에 넓은 단감나무 과수원이 있었는데, 그곳이 J가 사는 집이란다. 엄마랑 잠깐 헤어져 과수원집

보육원에 얹혀산다고 했다. 청강생으로 한 해를 보내고, 이듬해엔 정식으로 내 반 일학년 학생이 되었다. 그 시절에는 이부제 수업에다 학급당 재적수도 많아서, 한 명만 늘어나도 힘들었지만 J가 있어 즐거움도 많았다.

"산토끼야, 어디로…." 책 읽다 말고 J가 토끼가 되어 팔딱팔딱 뛰어오르면, 모두가 토끼가 되어 야단이다. 자장가 한 소절을 불러주어야 교실 안은 실개울이 흐르듯 조용해진다. 여름날엔 나무 그늘 아래서 아이들은 공깃돌놀이, 풀꽃 찾기, 동물 흉내 내기를 즐거워했다. 지금도 가만히 귀 기울이면 '소라고둥 속 바닷소리'처럼 그때의 깔깔거리는 아이들 웃음소리가 들리는 듯하다.

유달리 웃음이 많던 J는 고등학교까지 과수원집에서 보내고 군에 갔단다. 입대 후 훌륭한 상사를 만나 일도 잘 배우고, 책도 많이 읽고, 감사한 생활이었다고 했다. 군 복무를 마치고 미국에 이민 가서 한동안 고생을 했지만, 지금은 의류업을 하면서 착한 아내와 두 아들과 단란한 가정을 꾸몄단다. 그리고 피눈물 나게 그리웠던 혈육과도 연락이 닿아 조만간 만나게 될 것이라 귀띔한다. "정말 감사한 일입니다." 눈물이 고인 표정으로 J가

말했다.

되돌아갈 수 없는 시간이지만, 만일 '시간 여행'이 있어 다시 돌아갈 수 있다면, 아이들에게 좋은 책도 많이 읽어 주고, 예와 정서를 중히 여기고, 개성과 자신감을 키우고 감사함을 아는 사람으로…. 그리고 그들을 한없이 사랑하리라. 또 사정이 있어, 가난 때문에 어렵고 힘든 어린 시절을 보낸 것은 결코 부끄러운 일이 아님을 일깨워주고 싶다. 어떤 인간관계도 같은 이치겠지만, 사제지간에 가장 중요한 것은 사랑과 신뢰이리라. 나는 얼마나 애들을 사랑했으며 또 얼마나 믿음을 심어 주었을까. 부끄러운 마음으로 반추反芻해 본다.

그 후에도 J는 몇 번 고국에 왔었다. 그때마다 내 선물까지 챙겨서 찾아왔다. 수제 은팔찌라고 직접 내 손목에 달아주며 자랑도 했다. 은팔찌의 동그란 구슬에 새겨진 무늬가 꼭 들국화 같아 볼수록 정겹다. 다음에는 선물 때문에 애쓰지 말라고 단단히 이르기도 했다. 어디서 살든 무엇을 하든 항상 건강하고, 근실하게 살아간다면 그게 가장 좋은 선물이 아니겠나. 걸음 빠른 세월은 그새 또 십 년이 흘렀다.

저물녘, 가을이 깊어가는 이기대 바닷가를 걷다가 바위 틈에 모여 핀 하늘빛 해국을 본다. 가뭄도 햇볕도 태풍도 홀로 이겨내어 갈색 씨앗을 여물고 있는 해국. 어려움을 이기고 자기 삶을 올곧게 이루어 가는 꼬마, 아니 J를 닮은 성싶다.

별명

길가에 별꽃, 쇠별꽃이 많이 피어난다. '너도개미자리과'라 그런지 개미만 한 꽃들이다. 녹색 이파리를 받쳐 입은 하얀 꽃들이 오종종 피어 있는 모습은 이름이랑 꼭 닮았다. 사전에서 '별꽃'을 찾아보다가 '별명'이란 낱말에 시선이 닿았다. 별명이란, "본이름 밖에 남들이 지어서 부르는 이름"이라고 되어 있다. 나도 중년에 별명 몇 개를 가졌다.

내 별명은 대개 내 행동이 어눌해서 생겨난 것들이다. 양산을 지나면서 '남양산'이라 씌어진 지명을 보고, "저 산이 남양산이요?" 하고 묻다가 생긴 '남양산'이 있다. 또 친구들이랑 금정산 고당봉에 올라 과일을 먹다가, 과일 따라 들어온 벌에게 혀를 쏘여 한나절을 울어서 얻은 '봉침설蜂針舌'도 있는데, 잠깐 불리다가 사라지곤 했다. 그러나 '노으소', '맨발의 백작부인' 같은 이름은 한동안 내 이름을 대신했다. 별명이 하나 생길 때마다 친구들은 많이들 웃어댔다. 여러 친구 앞에서 멍청한 바보가 되기도 했지만, 내가 얻은 별명들은 하나같이 추억을 고스란히 담고 있다.

"노으소!"

"뭘?"

마산 돝섬에 작은 동물원이 있을 때다. 승합차를 빌려 친구 부부들과 나들이를 갔을 때다. 부산에서 한참을 달려 선착장에 정차했다. 모두 내리고 차 안에는 우리 부부만 남아 있었다. 가운데 자리에 앉아 졸고 있던 나는 안쪽에 앉아 영문 모르는 남편에게, '노으소!'를 연발했다. 밖에서 지켜보던 짓궂은 친구들은 배꼽을 잡고 웃기만 했다. 알고 보니 내 허리는 안전벨트가 꼭 붙들고 있는 게 아닌가. '남편 미안해용.' 그리하여 나는 한동안 '노으소'로 불렸다. 그렇게 부르면서 친구들이 즐거워하니 나도 웃을 수밖에 없었다.

오래전 단풍이 짙어가는 가을, 친구들과 억새가 은빛세계를 이룬다는 해발 천 미터가 넘는 재약산에 올랐다. 제대로 산행 준비도 없이 이렇게 높은 산에 오르기는 처음이었다. 고사리 학교를 지나 사자평은 걸어도 걸어도 끝없는 완만한 경사의 억새밭이었다. 키보다 높은 억새의 장벽을 뚫고 좁은 등산로를 가르며 걸었다. 등산엔 신발 준비가 얼마나 중차대한 일인가. 그런데 단화를 신고 산에 올랐으니, 얼마 걷지 않아 신발 속에서 송곳 같은 못이 올라오기 시작했다. 바지로 신발을 가린 채 일행의 맨 끄트머리에서 기어가듯 올랐다. 길을 잃기도 하며 천신만고 끝에 다행히 정상에 일점을 찍었다.

사방은 짙푸름과 은백색의 세상. 나는 그 속에서 한 마리 작은 짐승처럼 쪼그리고 앉아 희고 푸른 가을 풍경에 푹 잠겨 있었다. 손을 들어 한 움큼 하늘을 잡아당기면 주르르 푸른 물이 쏟아지겠다고 누군가가 말했다. 더없이 너른 하늘, 쪽빛 바다 위에 파도치는 듯한 은빛 억새들의 춤사위, 나무라곤 없는 곳에서 들리는 작은 새소리들, 이 한량없는 자연 앞에서 마음은 처연하리만치 맑아졌다. 비록 육신은 짠물을 눈으로 등줄기로 마구 짜내며, '아아 웃고 있어도 눈물이 난다.'지만.

하산이 더욱 문제였다. 할 수 없이 신발을 벗고 낙엽을 밟다가, 엉덩이로 미끄럼을 타기도 하면서 겨우겨우 내려왔다. 친구들은 내가 낄낄거리고 농담을 하며 소란스러우니 장난치는 줄 알았단다. 왕복 다섯 시간이나 걸려 도착한 표충사 계곡에서 늦은 점심을 먹을 때다. 못이 1센티미터나 올라온 신발과 내 발을 보여줬다. 모두 놀라 눈이 화등잔火燈盞이 되었다. 그때 누군가 "등산화는 밥해 먹었어요?" 하자 물꼬가 터진 듯 일행들이 웃기 시작했다. "이 높은 산에 구두 신고 오르는 사람은 너밖에 본 적이 없어. 호 호 호 미안해." 위로하기보다 재미있어 하는 표정들이다. 연고를 발라주는 친구도 괘씸해졌다. 그리하여 '맨발의 백작 부인'이란 고상한 별명 하나를 더 얻었다. 그때는 생쑥을 씹는 듯했으나, 지금은 생각만 해도 즐거워진다. 그 친구들 중에는 요즘도 어쩌다 그 별명을 들춰내는 때가 있다. 그럴 땐, 모두들 젊은 날의 추억을 별미 나누어 먹듯 맛있어 한다. 나는 기꺼이 밥상의 반찬이 된다.

요즈음 우리 세월은 별명을 부르지도 새로 만들지도 않는다. 가끔 지난 이야기를 뒤집어보며 애들 장난감 갖고 놀듯 별명을 화제에 올릴 뿐이다. 언제 시간 내어 그 친구들이랑 별명에 얽힌 숨어있는 묵은지 같은 이야기를 꺼내 나누면, 우린 또 얼마나 젊어지고 행복해질까.

가만히 불러보면 나의 별명에선 땀내와 향내가 어우러져 난다.

3

연

연蓮, 춘희의 개인전 · 태胎 · 오민한 까치 · 빔눈은 내리고

별빛 부서지고 · 유곡柳谷 · 아픈 역사

연蓮, 춘희의 개인전

물 건너 임을 보고 연밥 따서 던지고는　　　逢郎隔水 投蓮子
행여 남의 눈에 띄었을까 반나절이나 부끄러웠네 遙被人知 半日羞
— 허난설헌의 〈採蓮曲〉 일부

유월은 연꽃 봉오리가 솟아올라 뾰족한 입을 살며시 내밀 때이다. 초대장을 받고 갤러리에 들어섰을 때, **'연꽃'**이 환하게 핀 연지蓮池 화폭 앞에 그녀 자신이 한 송이의 **'고고'**한 연꽃처럼 앉아 책을 읽고 있었다. 낮게 흐르는 음악도 없고, 연잎에 앉았던 개구리도 인기척에 놀라 도망을 쳤는지 보이지 않고, 난향蘭香만 그윽하다. 그녀의 자상한 그림 설명에는 **'백합'** 향내가 풍긴다. 아련한 연꽃 향내라 할까. 나는 꽃향기에 취한 듯 그림 속으로 빠져들었다.

자녀들이 성년을 넘겼을 무렵, 불혹의 나이가 지났건만 그녀의 내적 열정은 **'파도'**처럼 치올라, 드디어 온갖 색깔을 캔버스에 부었다. 유년의 아스라한 기억 속 고향 집을 **'외딴집'**으로 담고, **'우포늪'**의 단풍 든 나뭇잎들을 화폭에 떨궜다.

돌이켜 생각하면, **'동강'**의 절경 같은 신혼을 보내며 한편으론 부딪히는 거센 물살의 아픔을 견뎌야 했다. 여자이기 때문에…. 늦게 시작한 목마름으로 눈 덮인 산야를 찾아 **'설경'**을 캔버스에 담기도 했다.

한땀 한땀 바느질하듯 테이블의 레이스를 붓으로 뜨며, 잘 익은 **'석류'**들을 테이블에 얹어 부엌 풍경을 잡아 두었다. 하얀 자작나무들이 단풍을 이고 호수에 담겨 있는 **'가을의 호수'**는, 내 발걸음을 한참이나 잡아 두었다. 여름이 빠른 걸음으로 가고 가을이 또 오겠구나.

"후두둑 툭툭" 빗소리를 듣는다. 삼락공원 연밭에 나온 듯하다.

화가는 **'흐린 날'** 연지蓮池에 나와 앉아 분홍, 하얀 연꽃들을 보며 상념을 키웠고, 소낙비라도 내리는 날엔 연잎들의 수군거림에 마음의 눈을 열어갔겠다. 널따란 연잎에 듣는 빗소리가 실내에 차오른다.

연잎 자루가 물속을 뚫고 올라 하늘을 보는 순간을 무엇으로 표현할 수 있을까. 벅찬 기지개는 풍성한 둥근 잎이 되어 열 장 스무 장… 물 위를 덮어 간다. 연분홍 꽃송이가 줄기마다 솟아오르며, 물속 뿌리줄기가 통통하게 살쪄가고, 작은 벌집 같은 연밥이 익어갈 때 개구리들은 또 얼마나 울어대던가. 잎자루에 난 가시들과 속이 텅 빈 줄기는 삶을 이겨내느라고 생긴 것인가. 자식들과 가정을 지켜내려고 자신을 비워내던 우리네 여인들의 삶을 닮았을까. 누구보다 남편의 사랑을 듬뿍 받은 유복한 가정의 주부 화가가 어찌하여 연을 그리 좋아할까. 이번 전시회에도 연지가 여러 폭 있었으니. 연밭에 옛 그리움이 있었던가요, 난설헌처럼? 나의 농에 손사래를 치며 조근조근 이야기를 연다.

염화미소拈華微笑의 연을 이야기하며, 불교에서는 경건하고 청초한 꽃으로 연꽃을 꼽는단다. 절에 가면 연등, 연화, 연꽃 문양의 석탑, 기둥들을 볼 수 있다면서 극락세계를 신성한 연꽃이 자라는 연못이라고 생각한단다.

연엽차蓮葉茶, 하로차荷露茶, 연잎으로 싼 연밥, 연뿌리, 연자蓮子의 고소한 맛을 떠올리며 우리는 입맛을 다신다. 진흙밭에서 태어나도 자태 고운 꽃은 물론이고, 버릴 게 없는 연이니 어찌 연을 좋아하지 않으랴.

이순耳順을 넘긴 세월에 그림이라는 끈을 놓지 않고, 개인전을 연 춘희가 부럽다. 요즘 그녀는 손자의 **'나팔꽃'** 노래를 들으며, 손녀 **'지윤이'**의 **'피아노'** 연주도 감상하면서 안경을 쓰고 그림을 그린다. 그녀는 최상의 향기로움이 되어 있다.

어느 분야이든 예술가는 모두 강신제降神祭를 거친 사람들이 아닐까. 영靈이 신身을 지배하는 사람들, 아름다움을 찾아 고통을 사서 하는 사람들, 쉬이 그만두고 편한 길로 가지 못하는 사람들. 그러니 예술가들은 진실로 아름다운 분들이다.

나도 빛이 주는 갖가지 색으로 자연의 참모습을 그려내는, 영혼이 맑은 예술인이고 싶다.

*' ' 부호 속의 진한 글씨는 전시된 작품의 제목임.

태胎

봄비 맞은 초목들이 넌출졌다. 비 내리는 날, 경북 성주 일원 기행 길에 올라 세종대왕자 태실을 찾았다. 문화관 해설사에게 태실의 구조나 태 간수법 등 여러 가지 사전 지식을 얻었다.

태胎는 생명력의 원천이다. 모체로부터 영양과 산소 등 모든 것을 공급받아 탯줄로 이어진 태아에게 공급해주는 신성한 인체기관이다. 태아가 출생하여 세상 빛을 보면 태의 의무는 끝나는 것이지만, 생명을 온전하게 키웠다 하여 신성시 여기고 소중하게 다뤄져 왔다. 왕가에서는 국운과 관련지어 명당자리에 태실을 봉안하고, 민가에서는 아기의 무병 건강과 장수를 위하여 깨끗이 태워 강물이나 바다에 뿌리거나 땅에 묻기도 하였다.

나에게도 태와 연관된 기억이 있다. 중학교 일학년 늦은 봄인가, 노을이 번지는 이송도 바닷가에 오빠와 함께 고동을 따러 갔다. 얕은 물가에서 내가 조개를 줍고 있는 동안 오빠는 큰 바위 뒤에서 무엇인가 진지하게 일을 하고 돌아왔다. 아까부터 궁금했던 오빠의 오른쪽 겨드랑이에 꽂혀있던 작은 보자기가 없어지고, 그 자리에 호박꽃잎 같은 흔적만 남아 있었다. 노을이 들어앉은 듯 오빠의 눈이 붉어 보였다. 나는 얼른 시선을 아래로 떨구었다. 아무도 말해주지 않았지만 나는 어렴풋이 알고 있었다. 오빠의 첫아기는 성공하지 못했다. 그 생명의 태를 바위와 바위 틈, 바다 밑바닥에 묻어주었던 것이다. 지극한 정성에 감복했던지 삼신할매는 이듬해 겨울, 오빠에게 아들을 안겨주었다.

이런저런 생각에 잠긴 채 잘 닦여진 산길을 오르니, 소나무 숲으로 둘러싸인 태봉胎峰이 나타났다. 빗줄기 내리던 하늘이 문득 훤해지고 노송들이 무장한 장군들처럼 에워싸고 있었다.

예사롭지 않은 서기가 사방에 깔렸는데, 평평한 잔디밭에 태실들이 두 줄로 단정히 앉아있다. 세종대왕 적서 열여덟 왕자의 태실들과 멀찍이 떨어져 세손 단종의 태실이 봉안되어 있었다(1438~1442까지). '생명의 번영과 영화'를 기원하는 뜻이 담긴 태실들이 앉은 자리이니 이곳은 명당이리라. 풍광 좋은 숲 속의 너른 봉峰에는, 맑은 날엔 햇볕이 사시사철 내리비추고, 새들이 날아와 노래하고 밤에는 별들이 찾아와 함께 놀겠다.

하지만 이 평온하고 축복받은 곳에서 슬프고 가슴 아린 역사를 읽는다. 안평대군을 비롯한 다섯 왕자의 태실 석물이 온전하지 못하고 겨우 기단석基壇石만 남아있다. 세조 3년 단종 복위 사건에 연루된 다섯 왕자를 처단하고 태실도 태봉胎峰에서 파내쳤다 한다. 후일 남은 것만 찾아서 제자리에 놓았으니 온전할 리가 없다. 멀찍이 떨어져 외로워 보이는 단종의 태실, 단종의 태실은 세자로 책봉된 후 성주 법림산으로 옮겨 새롭게 조성되었다 한다. 그랬으나 왕위에 오르고 3년 만에 기어이 숙부 수양대군에게 목숨을 내어놓아야 했다. 고작 17세 어린 나이에.

… 종단에는 삼굿같이 찌는 방에서 사약사발을 받아 들었을

열일곱 살 꽃 같은 소년 단종 임금의 심정을….

— 목성균 〈속리산 記〉

권력이 뭔지…, 혈족과 충신들을 무자비하게 살해하면서 왕권을 빼앗은 그때의 역사가 오백여 년 후의 후손을 슬프게 한다. 세종대왕은 새 생명의 안위와 국운의 융성을 위하여 태실을 세웠던 게 아니던가.

후두둑, 빗줄기가 석물들을 씻어 내린다. 거리를 두고 앉은 단종의 태실은 빗물이 아닌 눈물이 흐르는 듯하다. 권력의 희생양이었던 단종도, 가해자인 숙부도 한 울타리 안에서 비를 맞고 있는 풍경이 가없이 허무하다.

중동석이 날아가 버려 불구가 된 석물들이 '이를 반면교사反面教師로 하여, 옳지 않은 역사를 다신 반복해선 안 된다고. 생명은 소중한 것이므로 누구도 어떤 이유로도 함부로 할 수 없다.'고 말해준다. 인간사 아랑곳하지 않는 잘 자란 잔디밭 사이에서 흰제비꽃 몇 송이가 수줍은 미소를 보낸다.

속설이고 풍습이겠지만, 예나 지금이나 태를 잘 간수함으로

써 태어난 아기가 무병무탈하고 창성한다고 믿고 있다. 병원에서 출산하고 조리원에서 산후 조리를 하는 이 시절에도 아기의 태는 소중하게 다룬다. 아기 배꼽에 조금 달려있던 탯줄이 떨어지면, 나무 조각같이 말려서 아크릴에 넣어 장식품으로 만들어 보관한다고 한다. 어린 생명을 양육하는 데 온 정성을 다하는 요즈음 젊은 부모들이 아름답다. 봄비 맞아 생기를 뿜어내는 녹색 잎사귀들마냥 풋풋하고 향기롭다.

돌아오는 버스 안으로 낭랑한 며느리 전화가 날아들었다.

"어머니, 시헌이 배꼽 탯줄로 아크릴도장 만들었어요. 톡에 사진 올렸으니 보셔요~."

오만한 까치

누가 까치 소리를 저 멀리로 날려 보냈는가. 아파트 여기저기에서 시끄럽던 까치 소리가 어쩐지 요즘 잘 들리지 않았다. 가끔 나뭇잎 속에 숨어서 직박구리나 박새가 울긴 하지만.

오랫동안 단독 주택에서 살다가 10여 년 전 대단지 아파트로 이사를 왔다. 새소리 강아지 소리도 안 들리고 사람 냄새가 안 나면 어쩌나 적잖이 걱정했는데, 이사를 와보니 다행히 아파트의 조경이 마음에 들고 까치 소리도 들렸다. 얼마 지나지 않아

직박구리 등 다른 새소리와 매미 소리가 보태어졌다. 인근에 숲과 바다 풍경까지 곁들여 쉬 정이 들었다.

까치는 예부터 사람 사는 동네에서 사람과 함께 살아오는 텃새이다. 그래서 "까치 까치 설날은…", "까치야 헌 이 줄게, 새 이 다오.", '견우와 직녀의 오작교' 등 설화나 동요의 주인공으로 자주 등장한다.

이기대 숲길에 매료되어 날마다 파도 소리를 들으러 다니던 어느 날이었다. 청설모 한 마리가 소나무 위에서 잽싸게 내려와 땅에 떨어진 음식물 조각을 집어 들려고 했다. 그때 어디서 날아왔는지 까치 세 마리가 깍깍 소리치며 청설모를 에워쌌다. 청설모는 먹이를 버린 채 혼비백산 소나무를 타고 도망쳤다. 까치들은 유유히 과자봉지를 털어 나누어 먹는다. 덩치로 봐선 청설모가 더 큰데도 까치의 협공에 지고 말았다.

한번은 아파트 근처 공터에서 자그마한 매 한 마리가 까치들에게 둘러싸여 있는 걸 보았다. 까치들이 매를 놀려 먹고 있었다. 명색이 맹금류에 속하는 매가 까치 몇 마리에게 꼼짝을 못한다. 가까이 다가가서 보니, 바람에 날려 온 비닐봉지가 매의 발목을 감고 있었다. 한동안 비비적거리던 매가 발목에 감겨있던 비닐조각을 겨우 벗겼다. 그런데 자유로워진 매가 에워싼 까치들에게 한방의 공격도 하지 못하고, 다리야 날 살려라, 한껏 날갯짓을 하여 바닷가 벼랑 쪽으로 날아가 버렸다. 까치는 무리지어 살면서 거칠게 없나 보다. 오만하고 당찬 까치들이다.

메타세쿼이아의 잎이 돋기 전 이른 봄, 아침 일찍 음식쓰레기를 버리러 나갔다. 늙은 까치 한 마리가 사람 옆에 와서 먹을 것을 찾는지 두리번거렸다. 그러더니 여기저기서 깍깍깍깍 소리 지르며 까치들이 모여들었다. 'ㅁ'자형으로 구성된 아파트 건물의 구조상, 새소리는 공명이 되어 온통 시끄러운 불협화음으로 꽉 찼다.

동과 동 건물 사이에 서 있는, 벗은 메타세쿼이아 가지에 박쥐마냥 까치들이 매달렸다. 입에는 나뭇가지 같은 걸 물고 연방 날아가고 날아오면서 시끄럽게 우짖어댄다.

우듬지에서 한 발 정도 아래에 주머니 같은 물체가 보인다. 자세히 보니 얼기설기 새집을 짓고 있다. 앞의 까치가 작업을 하고 나오면 다음 놈이 들어가 잔가지를 보태어 삽시간에 새둥우리를 나뭇가지에 매달아 놓는다. 하던 일을 멈추고 한동안 그들의 집짓기에 흠뻑 빠져 있었다. 작업이 끝나기가 무섭게 모두가 날아가 버린다. 남아있는 까치 두 마리가 새 보금자리의 주인인가 보다. '연분홍빛 신혼의 달콤함을 멋지게 보내고 아들딸 낳고 잘 살아라.' 하며, 그들을 축복하고 돌아섰다.

주위가 고요해지고 아침 햇살이 은실처럼 내린다. 십시일반 도와서 신혼집을 지어주는 까치의 정리가 고와 보여, 내게도 행복함이 잔잔하게 번져온다.

잎이 무성해지는 즈음, 아침부터 시끄럽게 울어야 할 새소리가 들리지 않는다. 감나무 밑에 감또개가 몇 알 떨어져 있고, 맞은편 메타세쿼이아도 녹색 잎을 무성하게 피웠다. 안경을 닦고 자세히 보아도 전번에 달려 있던 새둥지가 안 보인다. 까치는 이사 가면서 집을 떼어 가는가. 궁금하여 경비실 아저씨께 물어보았다. 까치집을 달고 있는 메타세쿼이아 옆 동에서, 새소리가 시끄럽다며 막대기로 새집을 떼어냈단다. 밭에 심어 놓은 콩이며 옥수수 씨앗들을 파먹고, 자기보다 큰 동물은 협공으로 물리친다며, '오만한 까치'라 불렀던 게 미안해진다. 모여서 덤비면 뱀에게도 이긴다던 녀석들이 사람의 어깃장에는 속수무책이구나.

지난봄 서울 사는 아들네가 쌍둥이를 조산해서 힘들게 지낼 때였다. 아기 도우미가 되어주려고 갔을 때다. 아들네가 살고 있던 전셋집이 팔려서 한 달 후에 이사를 해야 한다고 했다. 엄동설한이 코앞인데. 병약하고 어린 쌍둥이를 데리고 이사는 안 된다고 나서 보려 했지만, 이미 전세금 일부를 받았다고 했다. 억장이 무너져 명치끝이 아렸다. 할 수 없이 햇빛이 단 몇십 분이라도 더 머무는 집을 찾기로 했었다.

어떤 이유로든 본인이 원치 않는데, 삶터를 바꿔야 하는 일은 사람이든 짐승이든 아픔이 아닐 수 없다. 인간만이 이 땅의 주인이던가, 있는 자만이 소유하라는 곳이던가. 슬픈 물음이 스멀스멀 기어 나온다. 고은의 시 〈개미〉의 한 구절을 중얼거린다.

> 개미 행렬이/ 길을 가로질러 가는 것은/ 결코/ 이 세상이/
> 사람만의 것이 아님을/…/ 조금씩 깨닫게 하는 것인지 몰라

요즘 창밖으로 귀를 세우면 깍깍깍 까치 소리가 저만치서 들린다. 올봄에는 학교 건너 언덕 위 나무에, 새로운 둥지를 지었나 보다.

그럼, 그렇지!

밤눈은 내리고

– 북해도에서

순백의 나라, 설국. 시리도록 파란 하늘에 솜사탕 같은 구름이 드문드문 떠 있다. 드넓은 설원의 끝머리에 하늘이 내려와 닿아, 하얀색 파란색 물감을 쏟아부은 듯한 단색 풍경이다. 그 풍경 속에서 이팝나무 꽃잎처럼 눈송이가 풀풀 날리기 시작한다.

정월 스무이렛날 친구 부부 두 팀과 함께 저녁 무렵 북해도 신치토세 공항에 내렸다. 맑은 날인데도 눈발이 한 잎씩 듣고 있다. 길가에 지천으로 쌓인 눈을 가만히 만져보니, 간수 잘 뺀

소금같이 뽀송뽀송하다. 툭 치면 손에 묻지 않고 후루룩 날아오른다. 비습식非濕式 눈이라고 한다. 이 습기 적은 눈이 스키나 스노보드 등 겨울 스포츠에 알맞아 북해도에는 매년 겨울 축제가 열린다. 올해도 2월 초에 열릴 삿포로 눈축제를 위해 자위대원들이 높은 산에서 질 좋은 눈을 옮기고 있다. 제설차가 부지런히 차도의 눈을 옮겨가는데, 이곳에선 염화칼슘을 쓰지 않는다고 한다. 자연재해가 많은 나라라 자연보호에 각별히 신경을 쓰는 것 같다.

눈과 온천은 북해도 사람들의 경제원이다. 눈을 보려고, 겨울 스포츠를 즐기려고 많은 관광객이 모여든다. 설원, 온천, 목장, 초콜릿 공장, 맥주 공장, 드넓은 지하상가 어디에나 관광객들이 몰려다닌다. 북해도 전체가 여행하기 좋게 정돈되고 규격화된 상품 전시장 같다. 나도 뜨거운 온천수에 몸을 풀고 호텔 식당에서 대게 요리도 먹고 분에 넘치게 여유를 즐긴다. 여학교 시절 가와바다 야스나리의 〈설국〉을 읽고, "그 슬프도록 맑은 목소리"의 '요코'가 살았던 설원을 퍽도 보고 싶어 했었는데. 칠순을 넘겨 여기 오니 마을도 '요코'도 찾을 길 없고, 패키지 여행이라 정해진 곳밖엔 볼 수가 없다.

눈 덮인 언덕을 올라 '지옥계곡'에 도착했다. 뜨거운 지열에 눈이 녹은, 넓고 붉은 계곡에는 군데군데 허옇게 머리를 풀어헤친 수증기가 오르고 있다. 불을 지핀 가마 속 같은 '지옥 계곡'에서 매캐한 유황 냄새가 풍기는데, 줄지은 관광객들은 계속 계곡 아래로 내려가고 있다. 간헐적으로 솟아오르는 뜨거운 온천수를 보러 간단다. 간도 크다. 나는 운동화 차림이라 미끄러워 언덕 위에서 내려다보고만 있었다. 노천에서 온천수가 솟는 것 같지 않고 마치 전장의 폐허처럼 보인다. 이 순간에도 땅속엔 시뻘건 마그마가 부글부글 끓어, 지하수를 펄펄 데우고 있을 것을 생각하니, 불쑥 용암이 솟아오르면 어쩌나 으스스하다. 죄 많은 인생이라 무섬증도 심하다.

목장에 도착하니 다시 설원이 펼쳐졌다. 새하얀 벌판에 자작나무가 드문드문 서 있고, 입구에 온통 눈으로 덮인 작은 카페가 있었다. 햇빛을 받아 사방이 유릿가루를 뿌린 듯 반짝인다. 카페 안으로 들어서니 따뜻하고 달콤한 향내와 진열장의 알록달록한 먹거리들이 반긴다. 벽면의 전면 유리창은 설원과 파란 하늘이 고스란히 담긴 한 폭의 그림이다. 아이스크림을 먹노라니, 문득 청춘 시절 퍽 아끼던 달력의 그림 한 장이 눈에 선해진다.

벗은 나무들이 하얀 눈꽃을 피워 설원을 배경으로 섰고, 눈 속에 파묻힌 작은 집, 그림의 제목은 〈inn〉이었다. 이다음 결혼하면, 그이와 함께 꼭 이런 동화 속 같은 곳으로 여행하리라 맘먹었다. 결혼하여 살아보니 삶이란 시만 먹고 노래만 부르며 사는 게 아니었다. 힘에 겨운 시간의 엮음이었다. 찬 눈밭에서는 얼음과자를 먹어도 취하는지, 젊은 날 무지개 좇던 이야기를 처음으로 일행들 앞에서 꺼내 놓고 부끄러워한다.

낮 동안 심심하면 풀풀 날리던 눈발이 밤엔 펑펑 내려앉는다. 유독 붉고 푸른 조명등 앞으로 모여드는 부나비 떼들이다. 가볍고 작은 무희들의 군무는 어둠이 짙어질수록 온누리를 가득 메운다. 삼라만상을 뒤덮어 얼룩진 이 세상을 순백으로 정화하려는가. 언젠가 피안彼岸으로 가는 날, 바람보다 가벼이 갈 수 있게 내 영혼의 찌꺼기를 무명천처럼 씻어 순백의 눈밭에 널어 바래고도 싶다.

여행의 끝날 늦은 저녁, 일행들은 한방에 모여 모처럼 만난 밤눈을 위하여 곡주를 한 순배 돌렸다. 커튼을 활짝 열고 시詩를 안주 삼아 캔맥주를 홀짝거린다.

> 눈이 푹푹 내리고/ 아름다운 나타샤는/ 나를 사랑하고/…
>
> – 백석, 〈나와 나타샤와 흰 당나귀〉

그러다 젊은 날 남편 친구들이 눈 속에 갇혔던 속리산에서 밤새도록 불렀다는 박목월의 시로 이어진다.

> 산천에 눈이 쌓인 어느 날 밤에/ 촛불을 밝혀 두고 …/…기도하리라/ …돌아가리라…

지금 우리에게는 돌아갈 집이 있고 함께하는 가족이 있어 얼마나 고마운가. 조국의 눈 덮인 산야와 사랑하는 이들을 생각하고, 눈이 오달지게 내리던 유년의 겨울 정경을 그리워하며 향수에 젖어든다. 겨울밤은 깊어만 가고 흥얼거리던 노래가 촛불처럼 사위어 가는데, 밖에는 하염없이 밤눈이 내리고 천지는 백설로 뒤덮여 간다.

별빛 부서지고

– 대마도 기행

대마도 답사팀에 함께했다. 부산항 국제여객터미널을 떠나 두 시간도 채 지나지 않아 이즈하라 항에 닿았고 바로 답사에 들어갔다. 바람은 거칠고 눈송이가 한 잎 두 잎 날린다. 섬의 지형이 마치 두 필의 말이 마주 대하듯 하다는 대마도對馬島, 인구 3만이라는 섬은 너무나 조용하고 깨끗하다. 납월臘月의 추위에도 동백꽃과 납매가 수줍게 꽃잎을 열어 반긴다.

서산사西山寺를 찾았다. 임진왜란 발발 2년 전인 1590년 통신사의 부사로 일본에 파견되었다가 이듬해 귀국해, 침공이 있을

듯한 정황을 보지 못했다고 정사와 상반된 보고를 했는데 왜란은 일어났고, 전쟁의 무방비 상태와 피해로 논란이 되었던 학자 김성일이 묵었다는 곳이다. 전쟁의 피해가 엄청났던 만큼 그의 시가 새겨진 대리석 시비가 싸늘해 보였다.

조선 후기에 외교와 문화를 교류하던 통신사가 12차례나 왕래했던 곳이라, 이곳에선 조선통신사 재현 축제가 매년 열린다고 한다. 부산에서도 매년 5월 첫 번째 토요일 조선통신사 행렬을 재현해 오고 있다. 조선통신사는 요즘으로 말하면 한류 전파의 효시라고 할 수 있겠다.

백제의 법묘스님이 창건했다는 수선사修善寺로 발걸음을 옮겼다. 면암 최익현(1833~1906) 선생이 의병장으로 활약하다 대마도로 유배되어 순국하자 장례를 치렀다는 곳이다. "남의 나라 물은 한 모금도 마시지 않겠다."고 단식하여 돌아가신 면암 선생을 위시한 선조들의 슬픈 역사가 숨 쉬는 곳이다. 그나마 유서 깊은 이곳을 이만큼 보존하고 있으니 섬 주민에게 고마워해야 할지 혼란스럽다.

덕혜옹주 결혼 봉축비를 만나러 언덕길을 올랐다. 회색 하늘이 나지막이 내려앉고 바람은 성근 눈발을 날리며 비석에 감기고 있다.

고종이 60세에 본 고명딸 덕혜옹주는 20세에 대마도 도주의 후예인 소 다케유키와 정략결혼을 해 딸 하나를 두었다. 그 딸마저 행방불명이 되었다고 한다. 정신병이 재발한 옹주는 다케유키에게 이혼을 당하고, 어머니 성을 따라 양덕혜梁德惠로 정신병원에서 살았다. 만년에 조국으로 돌아와 낙선재에서 기거하시다 파란만장한 생을 마쳤다고 한다.

갑작스러운 추위에 턱을 덜덜 떨면서도 열심히 설명하는 가이드의 왜소한 체구와 큰 눈이, 역사 속 사연을 더욱 슬프게 한다. 이 슬픈 사연의 젊은 옹주와 시인이며 화가인 다케유키와의 결혼을 기념하는 봉축비, 이 비는 오랫동안 버려졌다가 근래 한국 관광객을 위해 다시 세워졌다고 한다. 비석 앞 차가운 대리석 위에 조화를 꽂은 초라한 꽃병 한 개가 떨고 앉아있다. 다케유키가 부인 덕혜를 위해 "영혼처럼 사람의 숨결을 타고 온다."는 내용의 〈사미시라〉라는 시를 쓴 일이 있었다는데, (≪덕혜옹주≫, 권비영) 두 사람이 한때나마 서로 사랑한 시절이 있었으면 하고 바라본다. 돌아 내려오는 길가에 동백꽃 몇 송이가 나뭇잎 사이에서 수줍은 듯 붉게 웃고 있다. 문태준의 시 한 구절을 꽃병 곁에 놓았다.

…무정한 불목하니로 살아도/ 봄날에는 사랑이 살짝 들키기도 해서/ …동백처럼/ 붉은 뺨이고 싶더라…

다음날도 강풍으로 바다엔 파도가 높았다. 이즈하라를 떠나 북쪽 히타카츠로 향했다. 아소만과 미우라만 사이에 놓인 운하 위의 다리 만관교萬官橋. 원래 하나였던 섬을 군사적 목적으로 운하를 파서 두 개가 되었단다. 러·일 전쟁의 승리에 일조를 한 운하라는데, 강제 징집당한 우리 동포들과 위안부도 배에 실어 이 운하로 나르지 않았을까. 오랜 옛날에도 섬 구석구석이 왜구들의 소굴이었다니, 우리 해안에 와서 노략질인들 얼마나 했을까. 이젠 옛일 까맣게 잊은 듯 깔끔하게 잘 다듬어져 있다.

인적 드문 다리 위가 갑자기 소란스럽다. 다리를 건너려고 앞으로 나아가는데 맞바람을 받아 몸이 뒤로 떠밀려 간다.

"우우우, 나는 밀레니엄 할매야!"

두 팔을 저으며 소리친다. 바람을 못 이겨 거꾸로 가는 나를 젊은 일행이 뛰어와 막아준다. 집혀가는 줄 알았다는 내 말에 일행들이 재미있어 한다.

다시 신궁으로 향했다. 아소만 입구에 있는 와타쯔미신사(和多都美神社)는 바다의 신인 용왕의 딸을 모시는 해궁海宮이었다. 곳곳에 소원을 비는 데가 있고 우리의 솟대와 비슷한 '토리'를 높게 올려놓았다. 마을을 수호하는 노거수老巨樹나 당산의 성황당에서 비손하던 우리 선조들의 모습이 겹쳐진다. 이곳에는 토속신앙 풍습이 옛 그대로 남아 있어 시간이 흐르지 않은 듯하다.

한국 전망대라는 곳으로 발길을 옮겼다. 부산 광안리에서 불꽃 축제를 하면 이곳에서도 본다고 한다. 전망대에 서니 쪽빛 바다 건너 부산 오륙도 인근 아파트와 해운대 달맞이 언덕이 햇빛을 받아 희뿌옇게 떠 있다. 맑은 날 나도 장자산에서 바다 끝 수평선 위에 진회색 구름 띠 같은 대마도를 본 적이 있다. 부산에서 49.5km 거리라니, 우리나라와는 지척의 거리라 놀랐다.

전망대 근처 갈림길에서 오른쪽 산길로 낙엽을 밟으며 바닷가에 이르니 포대가 나타났다. 토요포대豊砲臺跡, 커다란 바위굴 두 개가 마치 산의 콧구멍처럼 뚫려있다. 일본이 1차 세계대전 후 대한 해협을 봉쇄할 목적으로, 1929년 이 지역에 사정거리 30km의 해안포를 설치했다고 한다. 부산 오륙도 근처, 내가 사는 동네에 똑같은 쌍둥이 해안포인 장자등포진지가 있다고 해서 또 한 번 놀랐다. 결국 한 번도 사용하지 못했다 하니 다행이라고 할까.

강풍이 우리를 하루 더 머물게 붙들었다. 덤으로 얻은 한나절에 답사하고 돌아온 지도교수가 "이곳의 석관묘 형태와 청동기 출토유물은 우리 것과 너무 유사하다."라고 한다. 청동기 시절의 원시인들이 아마도 한반도를 거쳐 이곳에 도착해 살게 되지 않았을까. 대마도에는 우리와 비슷한 것들이 정말 많다. 선조들이 이곳을 그냥 남의 나라 땅이라고 여기지 않는 이유를 알 것만 같다. 작금에 독도를 자기네 땅이라고 논리에 맞지 않는 생떼를 쓰는 것을 보며, 나는 "대마도는 한반도 땅이다."라고 말하고 싶다.

여행은 시공을 잊게 한다. 저녁이면 모여 앉아 모두가 즐겁다. 밖에는 눈발이 듣고 바람 소리 요란했지만 여행의 첫 밤은 곡주를 곁들인 이야기로 함박꽃을 피웠고. 둘째 날 밤엔 더욱 우정이 돈독해진 일행들이 한방에 모여 헤어질 줄 모르고 놀다가 내일을 위해 가까스로 흩어졌다. 그때다. 밖에서 누군가 큰 소리로 외쳤다.

“별 봐라! 별빛이 쏟아진다!”

방에 들어갔던 일행들이 삽시간에 뛰쳐나왔다. 이불로 사용할 하늘색 담요를 망토처럼 두르고, 어린아이들처럼 순수해진 ‘어른애’들이 머리 위의 북두칠성을 찾아 환성을 지른다. 별빛이 쏟아져 내린다. 큰 별, 작은 별, 아기별들이 뿌려놓은 유리 조각들이다. 얼음 같은 상현달이 어른들의 수다를 가만히 내려다본다. 나무계단에 비스듬히 걸터앉아 별들의 숲에 안긴다. 저 별빛과 달빛은 우리 동네도 하얗게 비추고 있겠지…. 천 년 후 만 년 후 언젠가 저 아름다운 별에도 막대기를 꽂아놓고, ‘우리 땅이야! 내 땅이야!’ 하면서 힘겨루기를 할까? 그런 일이 있어선 안 되지.

쏟아지는 별빛은 영원히 찬란하리라.

유곡柳谷

간밤에 낙엽비가 내렸는지 보도는 떨어진 낙엽들로 카펫을 이루고 있다. 촉촉한 낙엽들이 모여 앉아 가을이 저물고 있음을 일러주는 듯하다. 이른 아침 잎을 털어내며 서 있는 나무들을 지켜보면서, 문득 올해가 가기 전에 내가 키웠던 첫 나무들이 자랐던 곳을 찾아보리라 생각했다.

50년 전 초임 교사로 의령군 유곡면에 첫 발령을 받았다. 2년 가까이 교직 생활을 한 그곳은, 생각만 해도 가슴이 벅차오른다. 이때쯤이면 황금벌판이 펼쳐지고 단풍으로 물든 나무와 홍시를 빨갛게 달고 서 있는 감나무들로 어우러진, 아름다운 동네였다. 야트막한 산으로 둘러싸인 후미진 농촌 마을을 냇물이 감싸 흐르고 군데군데 징검다리가 있었다. 하루에 한 번 저녁나절이면 도착하는 버스의 종점이기도 했다. 이 버스를 놓치면 큰길에서 십릿길을 부엉이 소리를 들으며 걸어 들어와야 했다.

봄눈 녹을 무렵이면 벚꽃, 앵두, 복사꽃들이 아이들 웃음처럼 피어났다. 풋보리의 푸름, 보라색 자운영 꽃무리, 하얀 안개꽃 같은 상고대, 눈 덮인 초가 마을의 순백…, 그러나 무엇보다 유곡이란 이름답게 곳곳마다 버드나무가 마을을 지키고 있는 곳이다.

이웃 장에 갈 때나 미장원에 갈 때엔 마을 뒤 고개를 넘어다녔는데, 늑대가 출몰하는 곳이라 무서워서 몽둥이를 들고 다녔다. 바람산 밑 맑은 소沼에서 빨래할 때면, 셜록 홈즈의 〈마법의 개〉에서처럼 절벽 위에서 "캐앵~." 여우도 울었다. 요즘 시골에서는 동네 삽살개 짖는 소리도 사라지고 무엇보다 워낭 소리가 들리지 않는다는데, 무섭기만 하던 그 소리들조차 이제는 그리움으로 피어난다.

첫 가정방문 때였다. 선배 교사들의 주의 말을 듣고, '양반 동네, ○○남씨'를 외우면서 징검다리를 건너, 한참 논두길을 걸어 기와집 마을에 들어섰다. 대문을 열자 두루마기와 갓을 갖춰 입은 할아버지가 대청마루에 서 계셨다. 그즈음 도시에서 유행하던 맘보바지를 입은 내 차림이 민망해져 버렸다.

"안항雁行이 어찌되시는지요?"

안항은 형제를 뜻한다며, 햇병아리 선생이 동문서답하여 민망해질까 봐 배려하면서도 반듯한 경어를 쓰시던 할아버지의 모습은 오래도록 내게 큰 어른으로 남아있다.

별이 무더기로 쏟아지던 여름밤, 동네 처녀들이랑 개울로 노천 목욕을 갔다. 별빛을 닮은 자갈들이 하얗게 빛났고, 개구리 소리가 잔칫집처럼 요란했다. 난생처음 하는 노천 목욕이라, 깜깜한 밤인데도 부끄러워 속옷을 입은 채 물속으로 들어갔다. 동네 처녀들은 수다로 몸을 씻는지, 이야기가 그칠 새 없다. 알고 보니 그건, "여기 여자들이 목욕하고 있어요."라는 신호라고 했다. 가을엔 그녀들과 풋바심도 하고, 알밤도 줍고 곶감도 만들었다. 한겨울 방학엔 남폿불 등피가 검어질 때까지 책을 읽기도 했다. 금반지 두 돈 이상은 받아야 시집간다던, 소박한 그녀들은 지금 어디로 시집가서 어떻게 살아가고 있을까?

그 시절 네 시간 넘어 걸리던 길을, 오늘은 한 시간 반을 달려 유곡면에 도착했다. 마을과 들녘엔 가을걷이가 한창인데도 사람들이 별로 보이지 않아 고즈넉한 한촌이 되어 버렸다. 1972년도에 새로 지었다는 학교는 이층 건물인데, 전교생이 고작 열세 명이란다. 운동장 한편엔 노란 스쿨버스가 그림처럼 서 있다. 그땐 벽촌 학교이긴 했어도 학년마다 한두 반은 있었고, 내가 맡은 4학년은 40여 명이었다. 운동장 가의 버즘나무, 길가의 미루나무, 냇가의 버드나무도 잘 보이지 않는다. 징검다리가 있던 곳엔 번듯한 다리가 생겨 찻길을 이어준다. 많이도 변해버린 낯선 풍경에 격세지감이 밀려든다.

교문을 들어서서 텅 빈 운동장에 서니, 그 시절 어린아이들의 얼굴이 한꺼번에 떠올라 마음속으로 불러본다. '남맹아, 남덕아, 상범아, 상석아, 대우야….' 저기 버즘나무 밑에서 구슬치기를 하다 말고 "선생님." 하며 달려올 것 같다. 처음인 여선생님을 보호한다고 늘상 막대기를 들고 다니던 코흘리개, 한쪽 다리가 조금 불편해서 야외학습에 늘 빠져야 했던 꼬마, 작은 소쿠리에 바알간 앵두를 하나 가득 담아오던 우야, 냇가 조약돌을 반들반들 닦아 선물했던 녀석도 있었지. 그 아이들이 지금쯤 강골이 되었어도, 내겐 언제까지나 그때 그 모습 그대로의 잊을 수 없는 추억 수첩의 한쪽, 한쪽들이다.

학교 뒤편 자취하던 집을 찾아보았다. 자췻집과 객지생활을 도와주던 뒷집, 이 씨 댁은 흔적이 없다. 개울에 다리가 놓이면서 없어졌단다. 남은 빈 집터엔 누런 풀더미 속에 쑥부쟁이만 수북이 앉아있다. 기웃거리고 있으니 등이 살짝 굽은 할머니가 알은 체를 한다. 옛날 이 학교에서 근무했었다고 했더니, 반가워하며 평상에서 말리던 약재를 한 봉지 준다. 사양하다 받아보니, 구절초, 쑥부쟁이, 산국 등의 꽃들과 가지를 꺾어 말린 부인병에 좋다는 들국화차다. 차를 마신 듯 가슴이 따뜻해져 온다.

교사校舍 뒤, 아직도 빨간 홍시가 남아있는 감나무를 쳐다보고 있을 때다.

낯선 손님의 출입을 눈치챈, 패션이 모던한 분이 다가왔다. 초면의 인사를 나누자 이내 친숙해졌다.

"따뜻한 차 한잔하시지요."

여교장 선생님의 친절한 안내가 없었다면, 끝도 없는 상념에서 헤어나지 못할 뻔했다. 교무실에서 오랜만에 만난 정겨운 사람들처럼 이야기를 나누었다.

겨울이 가고 봄이 되면 버드나무가 움을 틔우고, 복사꽃이 꽃구름을 이룰 것이다. 농부는 대지에 씨를 뿌리고, 들녘엔 보랏빛 자운영이 피어날 것이다. 낯선 나그네에게 한동네 지인처럼 다정히 대접해주는 시골의 정情은, 세태가 변하고 생활은 바뀌었어도 아직은 훈훈하다. 그럼에도 지금 이 가을 여기 와 서니, 가뭇없이 사라져버린 세월이 낙엽으로 진다.

버드나무 골짜기 유곡柳谷은 내 고향 같아 한번은 꼭 와보고 싶었는데, 돌아오는 길은 과제를 푼 듯 가볍기만 하다. 차창 밖에서는 낙엽이 세우細雨처럼 내린다.

아픈 역사

잿빛 하늘이다. 변덕이 심한 날씨이니 곧 맑아지리라. 사월이 왔는데도 눈이 한 잎씩 듣는 이런 날씨에 무슨 봄 신명이 지폈는지 두꺼운 점퍼까지 챙겨서 2,500㎞의 대장정, 부산에서 출발하여 전주 최명희 문학관을 들러 출발지로 되돌아오는 일 주간의 여정에 나섰다.

사흘째, 강원도 오지에 들어섰을 때다. 뾰족한 산머리는 만년설인 듯 하얀 눈을 이고 있었고 포말을 튕기며 시원하게 폭포가 쏟아져 내리는 마을 어귀엔 목련, 벚꽃들이 한창이다. 남녘에는 봄꽃들이 낙화하고 있었는데, 여행으로 봄을 길게 보는 호사를 누린다. 봄비 속에 꽃 터널을 걷는 낭만도 즐기고, 마치 낯선 타국에 온 듯한 정취를 맛본다.

한탄강과 고석정孤石亭이 있는 철원으로 갔다. 중생대 백악기에 생성되었다는 강 중앙의 고석孤石과 계곡을 총칭하여 고석정이라 했다. 아담한 광장에 들어서니 임꺽정 동상이 우람한 근육을 과시하며 서 있었다. 임꺽정이 동지들과 함께 무예를 닦고 의적 활동을 했던 곳이었다. 활빈당은 16세기 황해도 및 철원 일대에서 관리들의 부정부패에 항거했다고 한다. 6·25 한국 전쟁 때엔 철의 삼각지로 처절한 전투가 펼쳐졌던 곳이었으니, 이곳은 지형적으로 예부터 역사적 전장戰場이었구나.

오빠는 전쟁 발발과 동시에 참전하여 훈련도 제대로 받지 못한 채 전투에 투입되었다. 수색중대 소대장으로 임무 수행 중에 포로로 끌려가다 탈출하여 겨우 목숨을 부지한 전쟁영화의 주인공 같은 분이셨다. 고막이 날아가 잘 듣지 못하고 온몸은 파편 자국으로 흉했지만, 누구에게도 의지하지 않고 올곧은 삶을 살아내신 분이셨다. 눈물을 감출 수 없던 오빠의 참전기는 마치 나의 체험처럼 생생했었다. 지금은 너무나 먼 나라에 계시는데…. 임꺽정 동상을 보며 체격 좋고 명석했던 오빠 생각에 동상의 팔뚝을 쓸어 보았다.

가파른 협곡에 놓인 계단을 천천히 내려갔다. 외로운 정자가 바위 틈에 앉아 있고, 넓지 않은 협곡 사이로 한탄강 연둣빛 물줄기가 고요히 흐르고 있었다. 수많은 젊은이의 피가 붉게 흘렀을 한탄강 물도 세월이 핏빛을 가라앉히고 연둣빛 이끼 색으로 바꾸어 놓았다. 골짜기 언덕엔 괴불주머니꽃이 무리 지어 피어 있다. 꽃 빛깔이 노란 제 색깔이 아니고 연둣빛 한탄강 물색이다. 그냥 서로 닮아버린 걸까. 아픈 상처를 서로 달래주며 잘 살아가자고.

철원엔 시인 민영 님이 쓴 시가 있다.

> 엉겅퀴야 엉겅퀴야/ 철원평야 엉겅퀴야/ 난리 통에 서방 잃고/ 홀로 사는 엉겅퀴야/ … 한탄강의 엉겅퀴야/ 나를 두고 어디 갔소/ 쑥국 소리 목이 메네

한탄강의 가파른 언덕엔 아직 엉겅퀴는 보이지 않았다. 곧 여기저기에서 붉은 꽃이 쑥쑥 피어나리라. 엉겅퀴꽃도 그해 6

월 붉게 물들었던 한탄강 물빛을 닮아 붉은 걸까. 거칠고 억센 가시 잎과 줄기는 아비와 지아비를 잃은 곤궁하고 팍팍한 삶을 살았을 아이들과 지어미들을 닮았겠지. 세월이 흘러도 전장戰場이었던 곳엔 아픈 역사의 흔적이 남는다.

점심 식사 후 녹슨 '철마'를 찾기로 하고 식당으로 갔다. 텔레비전에서는 천안함 희생자의 합동장례식 뉴스가 나오고 있었다. 유가족들의 오열, 오열. 가슴이 찢어질 듯 쓰리다. 식당 앞 한길엔 라이터를 켠 장갑차들이 셀 수 없이 지나간다. 무장군인 서너 명씩이 탄 장갑차의 행렬이 깃발을 펄럭이며 지나가는 모습에서, 그 옛날 전선으로 달리던 장면이 겹쳐져 시간 감각마저 무뎌진다. 한탄강, 천안함 사건, 장갑차 행렬…, 올해가 6·25 한국전쟁 60년이라는데 민족 간의 반목, 도발과 상처는 그대로이다. "저속한 도발이 계속되는 한 우리는 더욱 단합해야 하고 응분의 대처를 강도 높게 해야 한다."라고 함께 식사하는 사람들이 열을 올린다. 다른 일이 겹치긴 했어도 하필이면 이런 국가적으로 통탄할 일이 생겼을 때 집 떠나온 것이 씁쓸했다. 이 피투성이의 아픈 역사는 언제까지일까. 심해로 가라앉는 듯한 마음을 당길 수가 없다.

60여 년 동안 고향 땅을 밟아 보지 못한 실향민 마을을 들렀다가, 엿새 만에 서둘러 남으로 향했다. 남녘엔 겉으로는 조용한 일상이 흐르고 있었다. 내가 살고 있는 아파트 초입에는 하늘 가득 연보랏빛 등꽃이 피어 진한 향기로 반긴다. 평화로운 하루하루가 기적같이 느껴진다. 비감하고 아픈 역사를 잊어서는 안 되리라. 조각하듯 마음속에 새겨 넣는다. 인생의 가장 푸르른 날에 참혹한 일을 당한 젊은이들을 생각하며 두 손을 모은다.

올핸 유난히 기상 이변이 심했어도 봄은 어김없이 영춘화迎春花를 피워냈다. 풍성한 여름꽃들도 피어나려 기지개를 켜고 있다. 우리도 아픈 역사를 이겨내고 봄을 기다리자. 얼과 넋, 혼과 성을 다해.

4

타래난초

비문증飛蚊症 · 싹사랑 예찬 · 어넌 홍매화 · 꽃다지

북비고택에서 · 연가戀歌 하나 · 연가戀歌 둘

비문증飛蚊症

해무가 피어올라 하얀 고양이 털같이 푹신하게 바다에 누웠다. 산에는 넌출넌출 칡넝쿨이 절벽을 싸안았는데, 그 틈을 비집고 노란 원추리가 무리 짓고 있다. 동생말에서 해녀 막사 쪽으로 이기대 갈맷길을 걸었다. 출렁대는 구름다리를 조심조심 건너다가 다섯 번째 다리 한가운데서 멈춰 섰다.

다리 아래 꼬물꼬물 움직이는 물체가 있었다. 다리 밑 절벽 큰 바위 발치께에 구멍을 파서 집을 짓고, 고양이 가족이 살고 있다. 노란, 까만, 얼룩이 어른 주먹만 한 새끼 세 마리와 검은

반점이 있는 에미가 자갈밭에 구르는 파도 소리를 듣는지 물결을 멀거니 보고 있다. 사람들의 발길이 안 닿는 곳이라 그런지 아무 신경도 안 쓰는 눈치다. 동네 길고양이와는 사뭇 다른 데가 있어 보인다. 다리를 건너던 사람들이 내려다보면서 궁금해한다. 큰 파도 치면 어쩌려고 저런 곳에서 살꼬, 뭘 먹고 사는고. 나도 녀석들을 걱정하다가 한동안 집에서 키우던 고양이 '카이' 생각을 했다. 어찌 살고 있을까, 적응은 잘하고 있는지.

저번 날, 야외로 달리던 차에서 창밖을 내다보던 후배가, 유월의 산은 초록이 너무 무성해서 자기 집 고양이 털 같다고 했다. 집에 고양이를 키우는 후배는 산등성이의 녹음을 보고도 털깎이를 해주어야겠다고 생각했나 보다. 그때도 카이의 얌전한 모습이 눈앞을 스쳤었는데.

카이는 새하얀 페르시안persian이다. 털이 빽빽하고 무성하며 귀태가 났다. 파랗고 동그란 눈은 유리알처럼 맑다. 외출했다 들어오면 내게 온몸을 부비면서 좋아했다. 볕이 좋은 자리에 앉아 자울자울 졸고 있는 모습은 아기들처럼 사랑스럽다. 작은 목소리로 꼭 필요할 때만 기척을 내는 녀석은 나를 좋아했고 나도 저를 무척 귀여워했다.

카이는 딸네가 키우다가 잠깐 맡기는 걸로 우리 집에 왔다. 처음엔 번거롭고 힘들었지만, 정이란 묘해서 이웃에 살다 이사 간 손자 손녀의 빈자리를 카이가 야금야금 채워주었다. 그런 카이를 다른 집으로 보냈다.

카이의 털 깎기는 늘 동물병원에 가서 했는데, 고양이 건사하는 솜씨가 익숙해졌다고 어느 날 내가 직접 바리캉으로 털을 깎아주다가 일을 냈다. 흰 잔털로 뒤덮인 보드라운 뱃살 피부를 건드렸다. 열다섯 바늘이나 꿰매고 한 달이나 병원에 다녔다. 이후로 남편이 힘들어했다. 매일 빗질해주고, 목욕시키고 털을 말리고, 배설물 치우고 모래 갈고…. 우리 부부가 힘들어 하니, 자녀들이 인터넷에 올려 새 주인을 찾았다. 새 주인이 상냥한 젊은이라 그런지 처음 보고도 카이가 낯설어 하지 않고 안기기도 해서, 섭섭하긴 했어도 카이의 일용품들을 모두 챙겨 실어 보내주었다.

그날부터 내 비문증이 조금 심해진 듯했다. 잠자리 날개 같은 것이 온 집안을 날아다녔다. 외출했다가 문을 밀고 들어서면 앞 베란다에 얼핏설핏 스치는 잠자리 날개 같은 그림자가 있다. 문소리에 반가워 카이가 나왔다가 내숭 떤다고 화분 뒤에 숨었는

가. 베란다에 나가 이리저리 둘러보아도 보이지 않고 코끝에 매달리던 부드러운 털오라기도 없다. 내 비문증 탓이야. 허둥대는 내 모습을 보고 화분의 제라늄 꽃들이 씁쓸하게 웃는 듯 했다. 저희들도 함께 놀던 카이가 보고 싶은가.

잠결에 물 마시러 거실에 나오면, 카이가 하얀 등을 말고 소파에 엎드려 있다. 반가워 다가가 만져보면 작은 쿠션이 거기 있다. 카이가 입양 간 지 석 달이 넘었는데, 내 눈의 비문증은 하루에도 몇 번은 헷갈리게 한다. 이 녀석들은 한번 가면 오지 않는다. 괘씸한 녀석들이다. 한번 맺은 정이란 떼기가 참 어렵다.

반려동물은 사람과 더불어 살아가며 심리적으로 안정감과 친근감을 주고, 가족이나 친구와 함께할 수 없는 상황에서는 외로움을 달래준다. 헤어짐이 어려워 키우지 않는다는 이도 있으나 수요자는 점점 늘어나 반려동물 천만 시대라고 한다. 많은 만큼 문제도 많다. 함께 살던 동물을 유기하는 얌체족들이 버린 길고양이, 유기견이 많아 보호시설에서 무척 힘들다고 한다. 한식구로 살다 돌보기 힘들어졌다고 내다 버리는 야박한 세상이다.

너무 지나침도 그렇다. 최고급 장신구, 미용, 동물호텔, 반려동물 호화 장례식 등으로 눈살 찌푸리게 하는 짓은 삼갈 일이다. 사람 살기도 팍팍한 세상인데, 반려동물에게 지나친 사치는 유치한 자기 과시가 아닐까.

이기대 절벽 발치에 살고 있는 저 녀석들도 유기된 길고양이일까. 아마 아닐 것 같다. 마당 있는 집에 사는 반려동물 중엔 물론 그렇지 않은 것도 있겠지만 도시의 아파트에서 기르는 대다수 동물들은 거세를 시켜 새끼를 낳을 수 없고, 성대 수술을 해서 잘 울지도 못한다. 이렇게 보면 이 녀석은 집에서 기르다 유기된 고양이는 아닐 터이다. 자유로운 영혼의 DNA를 가졌을 거다.

카이도 그립고 한데, 절벽을 타고 내려가 노란색 새끼 한 마리를 집으로 데려갈까. 아마 어미 고양이가 할퀴면서 새끼를 내어주지 않을 거야. 혹여 유괴한다 해도 〈나는 고양이로소이다〉(나쓰메 소세키)의 새끼 야옹이처럼 건방지면 곤란하지. 길에 버려졌다가 겨우 들어간 집안에서 모든 걸 관찰하고, '다리가 네 개나 있으면서 두 개로 직립 보행하는 가련한….' 하면서 인간을 조롱하거나 연민의 눈초리로 바라보면 곤란하니까 그만두

자. '잠시 심심하여 한 농이니, 에미 고양이야 놀라지 마라. 새끼 훔쳐가진 않을게. 오순도순 잘 살거라.'

애틋이 그리운 이는 별뉘를 타고 멀리 피안으로 가셨어도 밤하늘의 별처럼 그 숨결은 항상 내 곁에 머문다. 한갓 '반려동물'이었지만 피부에 스며든 정감은 한동안 내 곁에 머물 것이다. 가끔 비문증으로 하여 만나는 허상으로라도. 휴대폰에 잡아 둔 카이의 사진을 꺼내보며 그리움을 달래야겠다.

짝사랑 예찬

 그대 울고 싶은가요.

둘은 꼭 끌어안았다. 바람 한 자락도 지나갈 틈이 없다. 따뜻하고 말랑말랑한 촉감, 달큰한 찔레꽃 향내 같은 체취. 내 어깨 위에 뺨을 얹었다가 스르르 미끄러지듯 내려와 젖무덤 위에 얼굴을 묻는다. 가만히 들이쉬는 숨결이 가빠지면서 어깨가 달싹인다. 속울음을 삼키고 있다. 폭풍의 전조다. 곧 주체할 수 없는 우레가 폭발하리라. 지금은 빗소리 같은 고요한 울음. 나는 와인에 취한 듯 행복하여 가슴이 떨린다.

부슬부슬 여우비가 듣는데 아들네가 다니러 왔다. 두 돌짜리 손녀와 일곱 달 된 손자가 석 달 가량 못 본 사이 흐뭇하게 자랐다. 손녀는 좀 컸다고 "할미 할먼니!" 하면서 내 등에도 기어오르는데, 손자녀석은 사내답잖게 낯설이가 심해 엄마를 놓지 않으려 한다. 반가워 덥석 안았더니 낯가림을 해서 울음보가 터지려 한다. 폭발 직전 얼른 제 어미에게 넘겼다. 내 싫다고 밀어내는 녀석이 어찌 이리 이쁜가.

내 자식들 키울 때는 이토록 예쁘고, 섬세한 감정을 느껴 볼 여유가 없었다. 일할 때나 잠잘 때나 한시도 자식들 생각에서 떠나본 적이 없었건만. 강풍에 떠밀리는 등짝처럼 세월에 밀려 산 것 같다. 모두 잘 자라주었고, 중후한 중년이 되어서 참으로 고맙다. 이참에 딸네 가족들도 모두 모여 이기대 바닷가를 찾았다.

해녀 막사 옆 몽돌밭에 자리를 잡았다. 해녀에게 멍게도 한 접 시켜 먹고, 썰물에다 잔잔한 파도는 놀기에 썩 좋다. 어른아이 할 것 없이 신발을 벗고 물에 풍덩거린다. 바다를 처음 보는 손녀도 "아빠~ 엄마~." 소리치며 야단이다. 오랜만에 고향 바다를 보며 좋아하는 저 중년들, 바쁜 학교생활에도 하루를 접고 모인 다 큰 손자손녀들이 푸르고 싱싱하다. "물 커 물무…." 넓고 푸른 바다를 보고 감정을 주체 못하는 아기들의 청량한 웃음소리와 어른들의 왁자한 이야기 소리가 갯내음과 함께 고끝으로 모인다. 가없이 사랑스러운 모습을 가만히 보고 있노라니, 문득 모두들 내 짝사랑들이구나 싶다.

내 짝사랑의 대상은 변천했다. 젊은 날 모파상의 소설 ≪여자의 일생≫을 재미있게 읽으면서, 설마 나는 … 했는데, 내 삶의 길도 전형적인 '여자의 길'이었음을 새삼스레 깨닫는다. 푸른 날엔 막연히 '백마를 타고 오는 기사'를 기다리며 짝사랑했다. 자녀들을 두면서 무한정 애정을 리필하며, 세상에서 아기를 낳은 여인은 나밖에 없는 줄 착각도 했다. 사위와 며느리를 볼 때도 똑같은 마음이었다. 세상에 사위와 며느리를 맞는 사람은 나뿐인 줄…. 이제 중년이 된 자식들은 사회적으로 가정적으로 모두 바쁘게 살고 있다.

20여 년 전 손녀들과 손자가 출현하면서 나의 짝사랑은 그들에게 넘어갔다.

'키 크고 복스럽고 예쁜 큰손녀는 첫돌 전에 걷고 두 돌 전에 말도 잘하고 노래도 잘해, 한 번에 사오십 곡을 외워 불렀지요. 지금 영국에 잠시 연수하러 갔어요. 탤런트처럼 예쁘고 당찬 작은손녀는 올해 대학에 입학했지요. “녜 녜, 나비가요? 할머니이 나비가 빨리 오래요오.” 다섯 살 때 괴정동 새릿골에서 승학산까지 돌멩이로 전화해가면서 뒤처진 할머니를 정상까지 함께 오르게 했어요. 다음 번 친구들 모임에 가면 손녀 자랑 심하다고 배춧잎이 아닌 누런 당당잎을 내놔야 될 것 같아요. 그래도 좋아요. 또 대학생 손자가 있는데, 올여름 군대 간대요. 조국의 부름을 받고, 폭염도 불사하고 나라 지키러 간대요. 이글거리는 더위를 어찌 이겨낼까 벌써부터 걱정이 앞서네요. 이 녀석이 초등학교 1학년 때, 학원 공부가 부실하니 끊으라니까 하는 말이, “학원 대신에 학교를 끊으면 안돼요?” 해서 우리에게 엉뚱한 즐거움을 주었어요.’

자랑 이제 그만 끝. 이젠 세 녀석 모두 제 일이 너무 바빠 여유가 없단다. 초정 김상옥 님의 〈어느 날〉이 떠오른다.

구두를 새로 지어 딸에게 신겨주고
저만치 가는 양을 물끄러미 바라보다
한생애 사무치던 일도 저리 쉽게 가것네.

또 20년이 지난 이즈막 다시 송이와 헌이가 깃발 들고 나타나 일약 내 짝사랑의 대상으로 약진했다. 늦게 본 애기들이라 그런지 더 참하다. 그늘에 앉아 엄마가 주는 이유식을 소리 내어 웃으며 받아먹는 헌이가 할머니를 보고도 웃어준다. 내가 두 팔을 내밀어 안아주려는 자세를 취하니, 찔끔 놀라 제 엄마 품속에 숨는다. 그래 낯가림해라. 그래도 이쁘다. 옥색 하늘과 푸른 바다와 연록의 언덕이 아가들의 눈망울 속에 모두 들어와 있다. 참 맑다.

할머니 혼자 짝사랑해도 좋다. 건강하고 무탈하게만 잘 자라다오. 문득 '못나고 우둔한 맘'을 씻어버려야겠다는 생각이 든다. 이 고운 아이들의 할머니가 될 자격을 갖추어야겠으니.

사랑은 기도의 다른 말이 아닐까. 하루해가 저물면 애기들 웃음소리가 든 동영상을 보며 따라 웃고, 세 자녀의 가정을 위하여 멀리서 항시 비는 마음으로 선다. 세상 모든 순진무구한 아이들과 푸른 꿈을 꾸는 젊은이들을 위하여, 평화를 위하여 두 손 모은다.

산 그림자가 길어져 서둘러 귀가를 한다. 등에 오른 송이를 업고 벚나무 가로수 길을 우쭐우쭐 걸어간다. 등은 굽어도 발걸음은 가볍다. 아가시꽃 향내가 달큰하게 따라온다.

어떤 홍매화

봄은 아직 저만큼에서 바장이고 있는데, 사방엔 시든 잔디밭, 벗은 나무, 정지 잘된 상록수뿐이건만, 뭐 그리 그리워서 이리도 조급히 붉은 열꽃을 피워 다소곳이 섰는지. 둥치의 긁힌 상처로 봐선 제 몫의 삶을 살아낸다고 나무도 몹시 아팠던가 보다. 홍매화를 보자 문득 전쟁이 한창이던 어린 시절, 홍역으로 발갛게 열꽃이 피었던 동생의 얼굴이 겹쳐졌다. 휴전이 되고 우리 가족은 두 사람이 줄었다. 내 어린 동생도 그때 다시 볼 수 없는 안갯속으로 떠났다.

여기는 세계 유일의 성지라고 유엔에서 지정한 곳이다. 1월 초순이 지나자마자 벌써 홍매화가 피었다는 소식이 있어, UN 기념공원을 찾았다. 정문을 들어서니 향나무들이 단정한 복장의 병사들처럼 길옆으로 도열해 있다. 넓은 잔디밭엔 묘비들이 줄지어 앉은 채 얇은 겨울 햇살을 모으며, 파란 하늘을 올려다본다. 네모진 얼굴의 묘비들이 무언지 깊은 생각에 빠져있는 듯하다. 이따금 지저귀는 작은 새소리가 더욱 정숙한 분위기를 돋운다.

키가 훌쩍 큰 두 그루의 나무가 온통 진다홍 비즈로 치장하고 섰다. 붉은 꽃잎에 노란 수술, 고혹적인 홍매화의 미소에 몇몇 사람들이 카메라를 맞추고 있다. 꽃은 나중에 보기로 하고 묘역으로 걸음을 옮겼다. 참전국의 국기가 게양된 주 묘역의 펄럭이는 깃발들이 유치환의 시를 떠올리게 했다. "소리 없는 아우성"이 들리는 듯하다.

'도은트 수로水路'라 새겨진 물길을 따라 한참을 걸었다. "이 수로 이름은 여기 안장된 전사자 중 최연소자의 성을 따서…(17세. 호주. 1951년)." 수로 이름 아래 새겨진 설명을 읽으며 물속에 놀고 있는 잉어들을 본다. 햇살 따뜻할 때라 물고기 가족들이 나와 놀고 있다. 어미 애비 물고기를 따라 작은 새끼 세 마리가 꼬리를 흔들며 따라 다닌다. '도은트', 65년 전 한창 부모 슬하에서 친구랑 어울려 놀고 공부할 나이에, 낯선 나라의 전장에서 산화하여 여기 잠들어 있다니….

이국의 찬 땅에 잠든 꽃다운 청춘들! 자유와 평화를 위하여 목숨을 바친 이들이 고이 잠들어 있는 이곳, 전후 66년이 지났건만 그토록 많은 희생을 내고도 아직 이 전쟁은 끝나지 않았다. 전쟁을 겪은 세대라서인지 여기에만 오면 어려웠던 시절을 살아온 기억들이 스멀스멀 피어오르다 가라앉는다. 생각의 빈자리에 이 기념공원에 얽힌 이런저런 삽화가 떠오른다.

이곳은 전쟁이 한창일 때(1951. 1. 18.) 조성된, 흙으로만 채워진 공동묘지였다. 이때 현대그룹 창업주 정주영 회장의 일화는 오랫동안 회자되었다. 엄동설한에 유엔사절단이 내한하여 참배하게 되었는데, 황토로만 덮인 묘지가 민망했던 미군 담당자가 며칠 안에 푸른 잔디를 심어달라고 부탁했단다. 추운 날씨에 잔디를 구할 수 없자 낙동강변의 보리를 엄청 옮겨와 삽시간에 보리 물결이 푸른 잔디처럼 넘쳐흐르게 했다고 한다.

여기에 잠든 영국군 전사자의 미망인 엘렌은 죽어서라도 남편 곁에 묻히고 싶어 했고, 2011년 이생을 하직하자 그녀는 그리움으로 목메었던 남편 곁에 안장되었다.

엘렌이 남편 곁에 묻히던 날, 그녀의 딸이 빨간 장미 두 송이를 아빠 엄마 꽃이라며 가슴에 품더라는 글을 언젠가 읽은 적이 있다. 그 빨간색 장미가 오늘은 홍紅을 넘어 적赤색 알갱이로 빚은 듯한 홍매화로 피었구나.

전후 60년이 되던 해, 미국의 참전 용사 형제가 함께 여기에 묻혔다. 이름조차 생소한 이국땅에서 차마 눈감지 못했을 동생을 잊지 못하여, 동생의 무덤에 함께 묻어 달라고 한, 형의 유언이 이루어졌던 것이다. 그 돈독한 형제애에 가슴이 찡하게 울렸다.

'초록별' 지구촌에 순정한 평화가 깃들 날은 언제일까. 우리의 작은 기도가 모이고 모이면 '나비효과'를 낼까. 한반도에, 지구 위에 평화의 따뜻한 기운이 봄꽃처럼 번지길 기원하면서 다시 홍매화 앞으로 왔다.

매향을 풍기며 빨간 꽃들이 가지가 휘도록 촘촘히 피었다, 이 차가운 날씨에. 보드라운 한 송이 한 송이가 여기 누워 잠든 이들의 넋인 듯 처연해 보인다. 집에서 가까운 데라 간혹 들리는 곳인데도 오늘따라 더욱 가슴에 파문이 이는가. 납월臘月에 열꽃처럼 핀 홍매화 때문인지, 회색빛 겨울 냄새가 허허로운 탓인지, 동판에 새겨진 홍매 기증자의 따스한 마음에 감전되어서인지 모를 일이다. 홍매화 촬영을 마친 사람들이 말없이 묘역을 향하여 묵념을 올린다. 나도 두 손을 모은다. 엄숙한 기도처에 매서운 찬바람 한 자락이 옷깃을 흔들며 지나간다.

그러나 곧 봄기운은 사방으로 번지고 봄꽃은 다투어 피리라.

꽃다지

아침에 꽃다지 사진과 함께 메시지가 왔다.

"봄볕 좋은 두렁길/ 한 무리 가녀린 노란 파문/ 순진무구한 아이들의 유희 같아서일까요./ 동요로 불리는 고운 이름입니다. … 양산에서."

혼자 보기 아까워 톡에 올렸다는 지인의 따스한 마음이 전해 온다. 꽃다지 사진을 확대했다. 마른 풀 속에서 돋아난 수수 알만한 노란 꽃망울들이 오종종 모여 웃는다. 꽃샘추위에도 아랑곳하지 않고 야린 꽃잎을 틔우는 걸 보니 대견하다.

봄꽃을 만나러 가야지 했는데, 마침 섬진강 구뫼마을로 가는 차편이 있어 동승했다. 봄 들녘의 아릿한 흙냄새와 연둣빛 강물, 물속에 연둣빛으로 변하고 있는 산과 꿈꾸는 듯한 하늘이 들어와 있다. 강가에는 시인 김용택 님의 생가가 있고, 그 앞 늙은 느티나무 두 그루가 이제 막 새잎을 틔우고 섰다. 매화는 지고 개나리가 노랗게 시골 마을을 물들인다. 강물을 따라 '시인의 길'을 걸어 구뫼마을로 갔다.

길가 두렁에는 온갖 봄꽃들이 걸음을 붙잡는다. 먼저 와서 봄소식을 전하는 꽃다지를 앞세우고 봄나물, 봄꽃들이 지천으로 피어있다. 봄까치꽃, 광대나물, 제비꽃…, 카메라 속에 한 컷씩 집어넣는다. 코딱지마냥 작아서인가 코딱지나물이라고도 하는 꽃다지, 작은 꽃 한 송이는 꽃잎이 넉 장이고 노란 술도 들어있다. 2년생 초본이라 한번 뿌리 내려 자리 잡은 곳에서 씨를 뿌려 뻗어가면서 피어난다. 지난해부터 나도 꽃다지 두어 포기를 기르고 있다.

사연은 이러하다. 양산에 사는 친구가 버스를 타고, 모임에 오면서 꽃다지 세 포기가 담긴 무거운 옹기화분을 내게 갖다 주었다.

"밭에 지천으로 솟아 올라와서…, 밭매다가 두어 포기 갖고 왔다."

무심한 듯 말했지만, 지난번 모임 때 꽃다지 안 본 지 오래됐다는 내 말을 잊지 않았던 게다. 친구의 따뜻한 마음에 잘 키워 보려고, 베란다 햇빛 잘 드는 곳에 두고 봄비처럼 물도 자주 주며 정성을 쏟았다. 분무기로 물을 뿌려주면 물방울보다 더 작은 꽃들이, 잠시 물을 머금은 듯하다가 이내 주루룩 눈물처럼 흘린다. 고향 떠나온 서러움인가. 여름이 지나자 가는 꽃대는 더 야위어져서 할 수 없이 볕이 잘 들고 바람 좋은 아파트 일층 화단 구석으로 이사를 시켰다. 실내에서 살기 어려운 야생화인 것을….

돈독한 불자인 친구는 농사일을 좋아해서 집 앞마당이 온통 텃밭이다. 올망졸망 농사지은 것을 먼 데 사는 친구에게까지 나누어 주러 다닌다. 원래 성품이기도 하지만, 인도 여행을 자주 하는 터라 남인도의 랑골리Rangoli* 정신이 배었는지, 집에 손님 초대하기를 좋아한다.

전원주택인 친구네 넓은 마당엔, 봄이면 온갖 분재와 복수초, 납매, 노루귀… 봄꽃들이 다투어 피어 일손을 바쁘게 한다. 이때면 혼자 보기 아깝다면서 지인들과 친구들을 부른다. 갖은 봄나물과 쑥떡, 지난가을에 준비해둔 국화차, 연잎차로 손님을 극진히 대접한다.

지난번 암으로 먼저 간 친구가 있었다. 다른 친구들도 병문안에 정성을 쏟았지만, 이 친구는 본인의 피붙이처럼 정성을 쏟았다. '적선지가필유경積善之家必有慶'이라 했던가. 그래선지 이 친구네는 늘 좋은 일이 많았다. 올봄에도 이 친구로부터 전언이 왔다.

"뭐라 캤노? 코딱지라 했나? 그 꽃다지를 캐다가 데쳐서 나물 해놨다. 꼭 온네이."

듣기만 해도 쌉싸래한 봄 향이 입안에 괸다. 올봄엔 바쁜 일 제쳐두고라도 봄나물 맛보러 가야지. 이 친구에게선 집안에서 기르는 난향이 배어 그런지 은은한 난향이 나는 것 같다.

정情은 향기처럼 번져간다. 나도 그 향기를 닮고 싶다. 작은 봄꽃들이 서로 의지하며 살 듯 좋은 그림과 글을 전해주는 지인들, 따스한 정을 건네주는 친구들과 함께하는 요즘이 더없이 따사롭다. 나도 내 곁으로 오는 분들께 따뜻한 정을 전하고 싶다.

봄비가 내린다. 벚꽃 잎이 분분히 떨어져 보도 위에 하얀 물방울무늬를 그린다. 집에 들어서다 말고, 지난여름 땅에 묻어 준 꽃다지를 찾았다. 겨울을 잘 견뎌내고 뿌리잎과 가느다란 꽃대를 두 줄 올려, 빈약하지만 몇 개의 꽃들이 오종종 매달려 있다. 지심地心을 먹고 뿌리를 내렸으니 이제는 뻗어가며 살아가겠지. 가만히 보고 있자니, 석불의 미소를 닮아가는 주름진 친구의 얼굴이 뜬다.

* 랑골리(Rangoli) 남인도의 전통문화. 축제일이나 특별한 날이나 혹은 날마다 여인들이 집 앞이나 거실에 쌀, 돌가루, 꽃잎 등으로 그림을 그림. 집안의 무사 안녕을 기원하고 집에 들어오는 모든 이들을 환영한다는 의미라고 함.

북비고택에서

문전옥답에 잘 자란 벼들이 꼿꼿이 선 채로 짙푸르다. 논둑에는 노란 애기똥풀이 산들거리고, 열린 대문으로 엿본 고택들의 마당에는 백일홍, 도라지, 달리아가 피어있다. 매미 소리에 섞여 개 짖는 소리와 염소 울음소리가 간간이 들려 사람 사는 마을임을 느끼게 한다. 옛 모습을 그대로 간직한 고즈넉한 한개마을이다. 마을 초입에서 안내판을 보고 마을과 고택의 역사와 위치 등을 살폈다. 방문객을 위한 세심한 배려가 정겹게 느껴진다.

11세 세손이 있으니 나쁜 생각도 할 수 없고, 가슴 아려 숨도 쉴 수 없는 슬픔을 어떻게 견뎌냈을까. 숱한 세월이 흐른 지금에도 가련하고 가슴 저미는 일이거늘.

영화를 버리고 불이익을 당하면서도 부끄럼 없는 삶을 살아낸 북비공 같은 선조들이 있어 사랑스럽다. 선조들의 삶을 살필 수 있는 고택과 마을이 온전히 보존되어 있어, 오랜 세월이 지난 오늘의 후손들이 보고 배우며 사람 사는 이치를 깨닫고 있다. 이즈음 사리사욕의 진흙탕에서 허우적거리는 일부 지도층의 이야기가 중요 뉴스의 단골 메뉴로 나오는 현실이 참으로 안타깝다.

마을을 돌아 나오다 무심코 본 돌담 위에 비 젖은 능소화가 멋모르고 웃고 있다. 건너편 솔숲에는 지조 곧은 옛 어른들의 혼인 듯 새하얀 학들이 점점이 앉았다.

연가戀歌 하나

타래난초.

너를 처음 만나고 그 자태에 그만 푹 빠지고 말았다.

오래전 여름이 기울고 있을 때였다. 친구랑 내원사 성불암에 들렀다가 계곡을 타고 내려올 때였다. 계곡의 물빛이 방금 본 암자의 유리창 같았다. 암자의 여승이 닦고 불고하여 먼지 한 톨 없는 창에는, 툭 트인 산세와 쪽빛 하늘과 흰 구름이 들어 있었다. 이렇게 유리같이 맑은 계곡물에 붉은 점들이 흔들린다. 찬찬히 살펴보니 바로 곁에, 꼿꼿한 줄기에 붉은 보라색의 녹두만 한 꽃들을 배배 꼬아서 달고 있는 풀 한 포기가 물에 비친 것이다. 잎은 난초 잎처럼 가늘면서도 끝이 뾰족하나. 아무래도 바랭이같이 쉽게 뻗어가는 흔한 풀이 아닌 듯하다. 휴대폰이 없던 시절이었고, 카메라도 없으니 눈도장만 찍고 올 수밖에 없었다.

그러다 세월이 많이 흐른 몇 해 전, 내가 가꾸던 채마밭 잡초 속에서 나란히 올라온 두 포기의 그들과 해후상봉했다. 성불암에서 처음 본 것보다 좀 약해 보였다. 잡풀들을 뽑아내고 작은 돌을 주워다 동그랗게 울타리를 쳐주었다. 집에 와서 도감을 찾았더니, 녀석들 이름이 타래난초였다. 타래난이라고도 한다. 난초과 다년초 식물이다. 아래쪽에서부터 꽃을 피워 마치 실이나 노끈을 사린 듯, 둥글게 뱅뱅 돌아 올라가는 계단처럼 꽃이 피어 올라가는 걸 보면, 꼭 동화 속 요정이 하늘로 오르는 계단이 아닌가 싶다. 〈잭과 콩나무〉의 사닥다리보다 훨씬 예술적이다.

중앙동역에서 '40계단 문화관' 가는 길에 이런 동화 속 나선형 계단이 있다. 마치 커다란 소라고둥의 뱃속을 타고 오르는 듯하다. 옛날 우리 어머니는 고집이 세어 소통이 안 되고 이기적인 사람을 흉볼 때, '속이 배배 틀린 고딩이(고둥) 창자'라고 하셨다. 한데 타래난의 모습은 전혀 그렇지 않다. 가운데 줄기는 가늘지만 꼿꼿한데다 보라색 작은 꽃이 실타래처럼 줄기를 감고 오르면서, 줄기가 넘어지지 않고 중심을 지탱하게 한다. 흔들림에 상처를 덜 받게 뱅뱅 타래를 틀며 꽃을 피우는 자연의 섭리가 신비스럽다. 세파라는 바람에 넘어지지 않고 삶을 지탱해 가는 지혜가 나에겐 갖춰져 있는지, 허리를 굽혀 들여다보며 풀꽃에게 엿듣는다.

우리의 세 번째 만남은 삼 년 전 늦은 봄이었다. 우리 동네 곳곳에서 손을 흔들며 타래난이 등장했다. 원래 중부지방 산비탈 밭이 제 고향이라고 하는데, 화단의 흙을 따라왔는지 잔디에 묻혀 왔는지 알 수는 없지만, 늦은 봄꽃이 필 때쯤이면 나는 집 근처 공터나 공원 풀밭을 살핀다. 그리고 우리는 일 년 만의 상봉을 자축한다. 처서를 전후로 아파트 정원사들은 나무들의 가지치기와 정원의 잡초를 뽑는다. 씨앗이 여물기 전에 잘려나가니 잔디 따라 함께 온 흰제비꽃도 타래난도 개체 수가 줄어들고 약해지고 있다. 올해도 타래난은 잔디밭에, 길가 공터에 이쁘게 피어났다. 어제 해거름 산책길에, 아저씨들이 전지를 하고 예초기로 풀을 베고 있었는데 이미 다 잘려나가고 없었다. 서운한 마음에 속으로 인사를 했다. '잘 가거라, 씨앗은 여물었니? 흙 속에 묻어둔 뿌리로 다시 나오너라.' 베어낸 풀 무더기에서 풍겨오는 냄새가 신선하다. 그래도 섭섭하지만. 기다리자 내년 봄을.

지난 주일, 성당 입구에서 풀 한줄기 들고 있는 할머니를 만났다.

"이 풀 좀 보소. 뱅뱅 돌아가는 것이 예쁘지요?"

"어, 이거 풀 아닌데요."

"올라오는데 풀밭에 많이 있던데요."

"예. 풀 맞습니다."

주고받으면서 이 꽃은 타래난초이지 잡풀이 아니란 생각에 묶여있는 나를 본다. 김종태 님의 시 〈타래난초〉가 두 사람의 대화와 꼭 맞아떨어진다.

> 당신이 나를/ 난초라 부르고/ 정성 들여 키웠을 때/ … / 한 포기 난초가 되었소.//
> 당신이 나를/ 잡초라 부르고/ …/ 서러운 쉬사 배배꼬며/ 한

포기 잡초가 되었소.

잡초인 듯 난초인 듯, 풀꽃인 타래난이 고와서 나는 내년 봄을, 여름을 또 기다린다. 그늘에 숨은 매미 소리가 폭염을 식히고 있다.

연가戀歌 둘

자운영紫雲英. 노을빛 꽃무리가 안개처럼 깔려 있다. 4월 말쯤, 들에 나와 보고 너무 황홀해서 소리를 지를 뻔했다. 자운영을 만난 것은 참으로 오래전 일이다. 처녀 시절 유곡이라는 시골에서 이 년여 교직 생활을 할 때다. 낯선 객지 생활이 힘들긴 해도 모든 것이 새로워 즐거웠다. 첫해 봄에 들판의 꽃을 만나면서 자운영이란 이름을 알게 되었다. 꽃도 이름도 꽃무늬 드레스보다 이쁘다. 이렇게 넓은 꽃 카펫 위에 토끼, 양, 사슴들을 불러 모아 놓고 싶었다.

며칠 지나 다시 들에 나갔더니 이게 웬일인가, 농부들이 꽃 카펫을 모두 갈아엎어 버렸다. 연보라 꽃물결을 볼 수 없게 됐다. 그 무렵, 벚꽃이 바람에 흩날려 꽃보라를 이루며 떨어져, 꽃잎들이 구석에 소복이 모여 앉아 있었다. 촉촉한 게 아직도 숨을 할딱이고 있는 듯 애처로웠다. 그래도 그건 자연 풍장風葬이었고, 이건 한창 청춘 시절의 예쁜 꽃들을 흙과 섞어 산 채로 묻어 버리는 게 아닌가. 한창 바쁜 농사철에 이러쿵저러쿵 물어보지도 못하고 연민 어린 눈으로 보고만 있었더니, 누군가 답을 해준다. “저게 땅심을 올려주는 자연비료라는 겁니다.” 그렇구나, 뿌리혹박테리아가 붙어 있구나. 흙에게 좋은 질소를 함유하고 있구나. 그런 사실을 알았어도 내 마음은 편치 않았다.

한세월 흐른 후, 친구 따라 절 구경을 나선 길에 절 입구에서 일박을 하고 새벽에 논둑길을 산책하러 나갔더니 들판엔 안개가 자욱했다. 안개를 덮고 누운 연보랏빛 꽃들, 자운영이다. 파스텔로 그린 그림같이 환상적이었다. 도시 친구들이 환성을 올렸지만 나는 오랜만에 본 풍경에 들뜨면서도 만개한 꽃들이 벌써 애잔해졌다.

근래 약초백과서적을 넘겨보니 자운영을 이렇게 설명했다.

* 자운영은 씨子와 풀 전체가 해열, 해독, 이뇨작용에 좋은 약재이다.
* 밀원식물蜜源植物이다. 꽃이나 잎에서 꿀을 분비하는 식물임.
* 뿌리에 뿌리혹박테리아가 있어 공중질소를 고정시켜 자연 질소비료를 만듦.
* 경상도나 전라도에서는 녹비綠肥로 쓰기 위해 재배한다. 그 방법을 지금도 쓰고 있는 곳이 있다.

녹비는 풋거름이라 하여 생풀이나 생나무잎으로 만드는 비료이다. 몇 십 년이 지났지만 그때 갈아엎어 흙 속에 파묻히던 자운영의 모습이 얼마나 가련했던지 지금도 잊히지 않는다.

추사 김정희가 55세에 제주도에서 유배생활을 할 때다. 봄철 수선화가 필 때면 농부들이 꽃 핀 채로 밭을 갈아엎는 걸 보고 몹시 슬퍼하며 글로 남겼다고 한다. 옛 어른이나 지금 우리네나 심전心田에 흐르는 감성은 같은가 보다.

자운영이 온몸을 바쳐 헌신하는 것을, 정일근 시인은 〈녹비〉에서 이렇게 읊었다.

자운영은 꽃이 만발했을 때 갈아엎는다

붉은 꽃이며 푸른 잎 싹쓸이하여 땅에 묻는다
저걸 어쩌나 저걸 어쩌나 당신이 탄식할지라도
그건 농부의 야만이 아니라 꽃의 자비다
…
그래서 자운영을 녹비라 부른다는 것…

자운영을 녹비라 부른다는 구절을 외운다. 얼마 동안이지만 얼치기 농부 일을 맛본 나도 농사일에는 땀이 많이 필요함을 안다. 예쁜 꽃들이 퇴비가 되고, 자리를 잘못 잡은 꽃들이 무참히 잡초로 취급되어 뽑혀나갈 때, 둥지를 틀었던 작은 생명들이 삽질과 함께 일순간에 노숙 신세로 전락할 때, 여린 것들에게 미안했다. 농부의 야만이 아니라고 했지만.

오늘 저녁 끼니로 받은 밥 한 그릇. 그것은 흙, 바람, 햇빛은 물론이고 녹비가 된 자운영의 자비와 농부의 땀으로 비벼 만들어진 당의정이다. 약초 서적을 넘기다가 하얀 구름을 이고, 지평선 끝까지 흙을 덮고 있는 연보랏빛 자운영 사진을 본다. 인간을 사랑하여 온몸으로 공양하는 꽃들에게 연가를 바치고 싶다.

■ 작품해설

꽃의 미학으로 풀어내는 삶과 문학

박양근(문학평론가, 부경대 교수)

■ 작품해설

꽃의 미학으로 풀어내는 삶과 문학

박양근(문학평론가, 부경대 교수)

열면서

수필은 개인의 삶의 기록이면서 시대의 역사이기도 하다. 개인의 자전록은 사회 환경을 떠나서 이루어질 수 없다. 연륜이 많을수록 시대적 배경이 개인의 삶을 좌우한다. 수필이 사실적이면서 심리적인 이유가 이것이다. 김양자 수필가는 이러한 두 세계를 작품 속에 융화시켜 낸다.

김양자의 첫 수필집 ≪백일홍은 아직도 붉게≫에서는 꽃의 이미지가 두드러진다. 섬세한 감수성으로 시골 교사 시절의 풋풋한 제자 사랑도 꽃으로 표현한다. 6 · 25의 험난한 시절부터 손자의 재롱을 받는 오늘에 이르기까지의 삶도 꽃무늬에 담긴다. 이처럼 꽃에 대한 애정을 순화시켜 가는 작가가 김양자 수필가이다.

백일홍은 이름 그대로 수명이 한 철이다. 그것을 작가는 백일홍이 "아직도 붉게" 있다는 초시간성을 부여한다. 작가에게 꽃은 생명을 반추하기 위한 은유이다. 작가의 다복스러운 품성과 한국 현대사의 물살이 함께 내재되어 있다. 그 점에서 '백일홍'보다 '아직도 붉게'라는 두 개념은 김양자의 삶과 문학을 표현하는 고리라고 하겠다. 이것이 꽃의 미학 그 자체이기도 하다.

1. 영도다리와 유곡의 공간성

김양자의 스토리텔링은 영도다리와 유곡柳谷에서 시작한다. 영도다리는 현시점에서 6·25시절과 초등학교의 추억으로 건너가는 다리이다. 유곡은 50년 전 초임교사로 발령받았던 의령군의 한촌이다. 작가는 꽃에 대한 미각과 촉각으로 두 공간을 잇대고 있다. 청소년기의 빈곤과 전쟁포로가 되었던 오빠의 시련은 영도다리로 나타난다. 그때의 기억은 〈아픈 역사〉, 〈도개교 위에서〉, 〈까만 국수〉로 이어지면서 6·25세대가 공유하는 상처를 드러낸다.

인간은 역사를 저지른다. 자연은 인간이 저지른 역사를 다독여주지만 그 아픔을 완전히 치유하지는 못한다. 작가는 6·25의 전쟁 상처가 남은 철원과 피난생활의 현장인 영도다리를 찾아가, 청소년기의 아픔과 전쟁포로가 되었던 오빠의 생사를 되살린다. 수색중대 소대장이었던 오빠의 포로와 탈출을 떠올려주는 한탄강을 찾아간 작가는 괴불주머니꽃과 붉은 엉겅퀴꽃으로 "수많은 젊은이의 피가 붉게 흘렀던"(〈아픈 역사〉 일부) 곳을 역사의 현장으로 만든다.

나아가 작가는 47년 만에 다시 열린 영도다리 위에서 유년기를 되살린다. 전쟁은 아이들에게는 "유년의 달콤함을 훔쳐가는" 괴물이다. 〈도개교 위에서〉의 영도다리는 피난민들이 겪었던 애환과 생존의 현장이다. 피난, 추위, 굶주림, 이별, 죽음 외에 "군에 간 오빠의 무소식"이 가장 두려웠던 영도다리는 작가에게는 가장 기억하기 싫은 공간이다. 당연히 김양자는 전쟁이 없는 평화시대를 기원한다.

부산은 마지막 피난지였고, 남포동, 자갈치, 용두산공원, 영도다리 등은 피난민들이나 전쟁으로 상처받은 사람들의 한恨과 애환이 소용돌이치던 곳이었다. 지금은 마천루가 하늘을 네모로 만들어 놓는 여기가, 다시는 이 땅에, 이같이 아픈 추억을 되새김히는 일이 없어야 한다고 간절히 두 손 모은다.

– 〈도개교 위에서〉 일부

〈까만 국수〉는 피폐한 영도다리 풍경과 달리 전쟁 속에서도 이어지는 인간의 생명력을 기록한 작품이다. 작가는 등장인물 박 씨를 굴하지 않는 들꽃형 남자로 그려낸다. 그는 피난민촌에서 새로운 아이를 탄생시킨다. 전쟁 시기에 새 생명이 태어난다는 것은 작가에게는 가장 반가운 글감이 된다. 그때를 기억하므로 작가는 손녀들과 동네 중국집에서 짜장면을 먹는 것을 매우 행복해 한다. 핏줄의 숭고함을 누구보다 잘 알고 있기 때문이다.

김양자에게 행복한 시절은 초등학교 교사 시절이다. 그가 교직생활을 시작한 유곡면은 피난 장소인 영도와 정반대이므로 '황금들판, 단풍나무, 홍시를 단 감나무, 야트막한 산, 냇가 징검다리'라는 자연의 소재로써 첫 부임지를 구성한다. 수채화 같은 이미지를 한껏 부여하여 작가는 전쟁의 상처를 스스로 치유하고 있다.

유곡면을 다시 찾아온 작가는 행복하다. 아이들의 웃음, 마을 사람들의 친절, 한여름 밤의 노천 목욕, 가을의 알밤을 고스란히 떠올린다. 천연염료 같은 언어로 그때를 묘사하므로 당연히 그곳에서는 시간이 흐르지 않는다.

> 겨울이 가고 봄이 되면 버드나무가 움을 틔우고, 복사꽃이 꽃구름을 이룰 것이다. 농부는 대지에 씨를 뿌리고, 들녘엔 보랏빛 자운영이 피어날 것이다. 낯선 나그네에게 한동네 지인처럼 다정히 대접해주는 시골의 정情은, 세태가 변하고 생활은 바뀌었어도 아직은 훈훈하다. 그럼에도 지금 이 가을 여기 와 서니, 가뭇없이 사라져버린 세월이 낙엽으로 진다.
>
> ― 〈유곡〉 일부

작가에게 유곡마을은 언제나 낙원이다. 그녀에게 낙원은 종교적 성지가 아니라 아름다운 추억의 공간으로 자리한다. 어쩌면 작가는 철원에서 떠올렸던 6·25의 기억을 이곳에서 지우고 싫어 하는지도 모른다.

김양자의 교직 에세이는 편수는 적지만 평소의 교사관을 감동적으로 보여준다. 〈은팔찌〉와 〈20원짜리 공책〉은 교사로서의 실제체험을 바탕으로 한다. 〈은팔찌〉는 초등교사로 재직할 때 가르친 보육원 학생이 미국에서 성공을 거두어 스승인 작가를 찾아온 미담이다. 〈20원짜리 공책〉은 초등학교 제자가 스승의 날이 되면 항상 편지와 향수를 전달해 주었다는 추억담이다. 이처럼 교사로서 그녀는 가난하고 따돌림을 당하는 아이들을 지성으로 보듬어 안았다. 인간관계에서 중요한 것이 사랑이다. 그 점을 깨친 작가는 '어디서 살든 무엇을 하든 항상 건강하고 건실하게 살아가는 모습'이 가장 반가운 제자의 선물이라고 전한다. 그래서 이기대 바위 틈에 자라는 해국을 볼 때에도 자신의 손길을 거쳐 사회에 진출한 건실한 제자들을 떠올리게 된다.

2. 화원花園의 감성과 추억

김양자 수필은 꽃을 제재로 삼을 때 더욱 완성도가 높아진다.

작가는 한 편 한 편의 수필을, 꽃밭을 손질하듯 다듬어낸다. 고향 냄새부터 반려동물에 대한 애정에 이르기까지, 시골 텃밭을 손질하고 문학기행을 떠날 때까지, 그녀의 감성을 지켜주는 것이 꽃이다. 꽃에 대한 감성은 자상하면서 빈틈이 없다. 보통 사람이 기억하지 못하는 꽃말은 물론 꽃의 생태에 대한 지식으로 주변 사람을 놀라게 만든다.

꽃의 공간은 그녀가 살고 있는 동네이다. 〈고향 냄새〉의 첫머리에서 "이기대의 여름은 곳곳이 잔치다."라고 말하는 것처럼 꽃이 있는 곳은 어디든 고향만큼 푸근하다. 사람보다 꽃을 더 사랑한다고나 할까. 이기대가 그 대표적인 공간이다.

> 참나리와 물봉선화가 피고 뻐꾸기가 울면 이기대의 여름이 시작된다. 칡꽃, 물봉선화가 지고 뻐꾸기 소리가 숨어들면 여름은 떠나고 가을을 느낀다. 요즘은 온난화로 봄인가 하면 어느새 여름꽃이 피어나고 여름에도 봄꽃 가을꽃이 끼어든다.
>
> — 〈고향 냄새〉 일부

꽃에 대한 작가의 시선은 자애롭다. 애정에도 차별이 없다. 약수터 숲길에서든 시골 들판에서든 꽃이 피고 지는 것으로 계절의 변화를 식별한다. 꽃 이야기에 시인들이 노래한 구절을 자연스럽게 덧붙이기도 한다. 꽃을 통하여 문학과 인간의 삶을 직조해내는 것이 그녀의 수필쓰기이다.

이른 봄날 친구의 매실 농장에서 어미염소가 새끼 염소를 부르는 소리를 들었던 작가는 모성의 힘을 새심 자각한다. 그때를 기억한 작가는 새의 부화를 도와준 산파역을 떠올려 〈조춘〉을 썼다. 연탄보일러실에서 목격한 새들의 부화과정을 전하는 상상력은 꽃으로 현실을 묘사할 때만큼이나 리얼하다.

> 휴짓조각처럼 굴러떨어지는 아기새, 젖은 가마니에 떨어졌다가 다시 시멘트 바닥에 떨어졌다. 아무래도 혼자선 힘들 것 같아 살짝 집어 장독 뚜껑에 올려주었다. 파르르 떠는 작은 몸에서 전해지는 따뜻한 온기, 생명감이 손바닥을 타고 흘렀다. 그날 모두 무사히 날아간 후, 열악한 환경에서도 무사히 새끼들을 길러낸 딱새 부부에게, 여리고 서툰 날갯짓으로 어미를 따라붙은 아기 새들에게도 크게 박수를 쳐주었다.
>
> — 〈조춘〉 일부

염소 가족으로 목가적 시골 풍경을 그려내고 연탄보일러실의 딱새로써 생태적 풍경을 독자에게 일깨워준다. 사람이든 동물이든 생명에 대한 경외감을 꽃 의식만큼이나 중요시한다. 작가에게 자연은 단순히 눈요기가 아니므로 생명의 존재로 승화한다. 이것이 김양자의 꽃 미학의 특성이다.

김양자의 산책로는 바다와 산이 어울린 이기대와 유엔평화공원을 중심으로 한다. 〈어떤 홍매화〉는 유엔평화공원을 배경으로 다룬 작품이다. 사계절 내내 갖가지 꽃들이 묘비 사이에서 피어나는 그곳은 정숙하면서도 엄숙하므로 김양자는 참전 외국 병사의 죽음을 비석이나 기념비가 아니라 붉은 홍매화로 표현한다. 홍매화는 전장에서 쓰러진 젊은이가 흘린 선혈을 상징한다. 17세의 호주 병사, 미망인과 함께 묻힌 영국군, 미국 형제 용사들의 명예를 붉은 꽃들로 그려낸다. 이 전사자들이 세계 평화를 위해 목숨을 바친 청춘인 셈이다.

속이 뚫린 모과나무를 소재로 다룬 〈데미안모과〉에서 작가는 독자적 해석을 시도한다. 등걸에 뻥 뚫린 구멍으로 속까지 까맣게 타버린 여성을 은유하는 가운데 "삶의 깊은 맛을 새기면 사고가 성숙된다고 할까."라고 질문한다. 그 화술은 인간의 시련을 풀어내는 철학적 기법에 접근한다. 모과나무와 인간의 일생을 일치시키는 가치는 사랑이다. 작가는 풀 한 포기, 꽃 한 송이, 나무 한 그루를 이야기할 때마다 인간의 삶에 대한 애정을 심화시켜 나간다. 마침내 "살아 있는 모든 것이 경이롭다"는 진실의 길목에 다다른다.

김양자에게 꽃과 나무는 생태적 기호이다. 아름다운 꽃이든 병든 나무이든 모두 제 나름의 삶을 살아간다고 확신하므로 사랑, 자애, 인내라는 미덕으로 꽃과 나무의 존재를 드러낸다. 이것은 6·25전쟁의 상처와 교사생활을 거치면서 삶이 지닌 빛과 그림자를 균형 있게 바라보게 된 결과라 하겠다.

3. 길 따라 꽃 따라

김양자의 심미적 이동성은 여행길로 이어진다. 가정과 이기대와 텃밭에서 일상을 펼칠지라도 새롭고 낯선 세계를 맞이하고 싶어 한다. 그녀가 즐겨 찾아가는 여행지는 오랜 유적지나 역사물이 남겨진 곳이 아니라 아늑하고 한적한 마을들이다. 〈밤눈은 내리고〉는 북해도를 배경으로 삼고 있다. 온천, 초콜릿 공장, 기념품 상가는 그냥 지나치고 붉은 계곡과 눈 덮인 언덕으로 눈길을 옮긴다. 작가가 감격적으로 대면한 북해도는 밤의 설원이다.

> 낮 동안 심심하면 풀풀 날리던 눈발이 밤엔 펑펑 내려앉는다. 유독 붉고 푸른 조명등 앞으로 모여드는 부나비 떼들이다. 가볍고 작은 무희들의 군무는 어둠이 짙어질수록 온 누리를 가득 메운다. 삼라만상을 뒤덮어 얼룩진 이 세상을 순백으로 정화하려는가. 언젠가 피안彼岸으로 가는 날, 바람보다 가벼이 갈 수 있게 내 영혼의 찌꺼기를 무명천처럼 씻어 순백의 눈밭에 널어 바래고도 싶다.
>
> ― 〈밤눈은 내리고〉 일부

한국에서 경험하기 어려운 설경과 상면한 작가는 순식간에 시적 세계에 빠져든다. 그녀가 떠올린 백석 시인과 나타샤는 눈 속에서 찾아낸 지순한 사랑의 실체이다. 감수성을 어떻게 눈으로 전환하는가는 부나비 떼조차 눈발로 바라보는 곳에서 알 수 있다.

자연과 일체감을 이루는 해외여행은 〈별빛 부서지고〉에서 되풀이된다. 북해도 관광에 이어 작가는 대마도에 내리비치는 별빛 풍경에 몰입한다. 별은 국경을 가리지 않고 어디든 빛을 선사한다. 눈 축제를 만끽했던 작가는 별빛 향연에 도취된다. "저 별빛과 달빛은 우리 동네도 하얗게 비추고 있겠지."라는 애수는 인간이 배워야 할 것이 화해와 공존임을 알려준다.

반면에 김양자의 국내 기행은 대부분 꽃과 연관된다. 길을 떠나는 것은 꽃을 만나러 가는 여정이라 불러도 지나치지 않다. 그 대표작이 〈꽃다지〉로서 봄나물과 봄꽃이 지천으로 피어난 섬진강 구뫼마을로 찾아드는 여행기이다. 그곳에서 작가가 원하는 것은 포근한 삶이다.

> 정情은 향기처럼 번져간다. 나도 그 향기를 닮고 싶다. 작은 봄꽃들이 서로 의지하며 살 듯 좋은 그림과 글을 전해주는 지인들, 따스한 정을 건네주는 친구들과 함께하는 요즘이 더없이 따사롭다. 나도 내 곁으로 오는 분들께 따뜻한 정을 전하고 싶다.
>
> — 〈꽃다지〉 일부

작가에게 꽃 기행은 사람 사이의 정을 키우는 시간이기도 하다. 꽃다지를 따뜻한 정으로 지켜보았던 그녀는 장흥으로 발길을 옮긴다. 장흥은 소설가 이청준의 생가가 있는 곳으로 문학탐방기 〈백일홍은 아직도 붉게〉가 예찬하는 것도 골목에서 만난 백일홍이다. 단아하고 고고한 작가적 삶이 그 꽃에 담겨 있다. 인간다운 자태를 지닌 백일홍을 지켜보는 김양자는 "삶에 대한 깊은 사랑 때문에" 글을 쓴다는 사실을 새삼 자각한다.

닫으면서

김양자의 삶은 꽃과 인간을 사랑하는 과정이다. 꽃은 인간을, 인간은 꽃을 서로 은유한다. 때때로 명암과 희비가 교차하지만 그것 또한 한국 여인들이 겪어온 역사의 일부로 수용한다. 6·25 시련기부터 현재에 이르기까지 그녀의 삶은 적지 않게 고달팠지만 아프게 기억하기보다는 잔잔한 언어로 승화시킨다. 슬픈 이야기일수록 화려한 꽃무늬 같은 언어로 표현하여 원숙한 연륜을 함께 보여준다. 김양자에게 꽃은 시련을 이겨낸 자신에게 달아주는 희생의 훈장이다. 이것은 주변 사람들에게

소리 없이 인정을 베푸는 그녀의 성품에 일치한다. 꽃이 아름답다면 시련이 없기 때문이 아니라 달관의 인생관을 체득해서이다. ≪백일홍은 아직도 붉게≫를 표제로 삼은 것도 문학적 열정을 다하여 꽃피우고 싶은 소망에 있다고 여겨진다.

김양자 수필집

백일홍은 아직도 붉게

인쇄 2016년 10월 27일
발행 2016년 11월 2일

지은이 김양자
발행인 서정환
펴낸곳 수필과비평사
주소 서울시 종로구 삼일대로 32길 36(익선동 30-6 운현신화타워 빌딩) 305호
전화 (02) 3675-3885, (063) 275-4000 · 0484
팩스 (063) 274-3131
이메일 sina321@hanmail.net essay321@hanmail.net
출판등록 제300-2013-133호
인쇄 · 제본 신아출판사

ISBN 979-11-5933-060-5 03810
값 13,000원

이 도서의 국립중앙도서관 출판예정도서목록(CIP)은 서지정보유통지원시스템 홈페이지(http://seoji.nl.go.kr)와 국가자료공동목록시스템(http://www.nl.go.kr/kolisnet)에서 이용하실 수 있습니다.(CIP제어번호: 2016026330)

Printed in KOREA

부산광역시 BUSAN METROPOLITAN CITY
부산문화재단 BUSAN CULTURAL FOUNDATION

※ 이 책은 2016년 한국문화예술위원회, 부산광역시, 부산문화재단 지역문화예술 특성화지원사업의 지원금으로 발간되었습니다.